博雅

北大版长期进修汉语教材·写作教程系列
北京大学立项教材

留学生中高级汉语写作教程
上 册

金舒年　刘德联　张文贤 /编著

AN INTERMEDIATE AND
ADVANCED CHINESE
WRITING COURSE
FOR FOREIGNERS

图书在版编目(CIP)数据

留学生中高级汉语写作教程.上册/金舒年,刘德联,张文贤编著.—北京:北京大学出版社,2017.9

(北大版长期进修汉语教材·写作教程系列)

ISBN 978-7-301-28673-9

Ⅰ.①留… Ⅱ.①金…②刘…③张… Ⅲ.汉语–写作–对外汉语教学–教材 Ⅳ.H195.4

中国版本图书馆CIP数据核字(2017)第208978号

书　　　名	留学生中高级汉语写作教程(上册) LIUXUESHENG ZHONGGAOJI HANYU XIEZUO JIAOCHENG (SHANG CE)
著作责任者	金舒年　刘德联　张文贤　编著
责任编辑	崔　蕊　贾鸿杰
标准书号	ISBN 978-7-301-28673-9
出版发行	北京大学出版社
地　　　址	北京市海淀区成府路205号　100871
网　　　址	http://www.pup.cn　新浪微博:@北京大学出版社
电子邮箱	zpup@pup.cn
电　　　话	邮购部 010-62752015　发行部 010-62750672　编辑部 010-62754144
印 刷 者	北京虎彩文化传播有限公司
经 销 者	新华书店
	787毫米×1092毫米　16开本　11印张　210千字 2017年9月第1版　2024年1月第3次印刷
定　　　价	36.00元

未经许可,不得以任何方式复制或抄袭本书之部分或全部内容。
版权所有,侵权必究
举报电话:010-62752024　电子邮箱:fd@pup.cn
图书如有印装质量问题,请与出版部联系,电话:010-62756370

前 言

第二语言的习得,不外乎掌握听、说、读、写四项基本的语言技能。而其中"写"这一环节是学习者最难以掌握的,却是非常重要的一项,这是语言学习者和语言专家公认的。

写作对语言表达的准确性和得体性有更高的要求。白纸黑字,一个错字,一处病句,一个不得体的表达,都会耀眼地呈现在读者面前。

写作主要使用的是书面语体,这意味着需要更多地使用书面语体的词汇和语法,也就是词汇和语法的级别会更高一些。

写作与思维密切相关。一般来说,写作都是成段表达,有的甚至可能是很长的语篇。语句之间、段落之间乃至整个文章,都要有合理的逻辑关系;而且整篇文章还需要有明确的主题、鲜明的观点、充足的材料和有说服力的表达。这些都需要写作者更加深入地思考。所以,写作不仅仅是语言能力的问题。

日常生活中文体繁多,每一种文体都有自己的特点或风格,都有一些常用的词语和句式。写作者要想写什么像什么,就要掌握各种常用文体的特点和写作方法。

写作水平的高低是最能够说明一个人语言水平高低的要素,所以写作在听、说、读、写四项基本技能中的重要性是显而易见的。

这套教材分为上、下两册,适合母语非汉语的、中高级水平的学习者学习。在这里,我们想对这本教材作如下的说明。

一、编写理念

1. 一切从教学实际出发,把符合实际和适于应用放在第一位,不管是知识介绍,还是例文、练习的安排,都以方便教学为第一追求。

2. 内容安排上力求全面、丰富,基本上包含了日常学习和生活中所能遇到的文体和常用的写作知识、写作方法,目的是给教授者和学习者更大的选择余地。

3. 设计教学内容和练习时贯彻任务型教学的理念,本着学以致用的原则,引导学生在一步一步理解教材内容的基础上,完成多层次、多种类的训练项目,最终达到提高写作水平的目标。

4. 遵循从易到难、循序渐进的原则,两册之间拉开一定的水平距离。这一点在几个具体方面有明显表现。一是在知识的讲解上有难易的差别。二是在例文的篇幅和难度上两册有明显差距。三是在内容的编排上两册也不尽相同。考虑到学生水平的差异,上册每一种文体的"写作训练"下面的小标题根据比较感性的、常见的内容来分类,下册根据更加理性的、文章的特性来分类。四是练习的数量和难度也有差异。两册之间的这种距离会更加方便不同水平的学生选用。

二、框架结构

本教材上册分为五个部分:第一部分汉语写作基本知识,第二部分应用文,第三部分记叙文,第四部分说明文,第五部分议论文。

下册分为六个部分:第一部分汉语写作基本知识,第二部分应用文,第三部分记叙文,第四部分说明文,第五部分议论文,第六部分汉语修辞。

两册的第一至第五部分标题相同,具体内容深浅、层次有所不同,是一个从易到难、上下衔接、循序渐进的过程。

两册的第一部分以介绍写作基本知识为主。上册为常用知识的介绍,下册在上册的基础上加以补充,增加一些不一定常用但是却应该让学生掌握的必要知识。后面配有练习。

两册的第二到第五部分介绍具体文体的写作,每个部分都含有"写作知识""写作训练"两个板块。每个板块前面均有"学习要点提示"。在"写作知识"的讲解中,全面介绍关于这种文体的知识;"写作训练"这个板块是重中之重,是根据文体的不同和难易的区别分出不同的类别。每个类别中又有"写作指导""例文"和形式多样的练习。为方便学生阅读例文,每篇例文后均有"小词典"栏目,主要列出丁级以上的词语,并加上拼音和英译,供学生阅读时参考。

下册的第六部分"汉语修辞"分为两个板块:"汉语修辞的基本知识""汉语常用的修辞方法"。这一部分以介绍修辞知识为主,第二个板块会配有适量的练习。

教师在教授写作课程时有一些课堂常用词语,为方便学生听课,课本的最后部分列入"教学常用词语"。

三、教学建议

对于本教材的使用者,我们提出如下教学建议:

1. 根据学生的水平选择合适的教材,这是教学顺利进行的基本保证。

2. 既可以根据教材内容按部就班地学习,也可以根据学生情况,选用其中的内容。这样做可以使教学内容富有变化,从而使学生始终保持浓厚的学习兴趣。

3. 关于"写作知识"的内容,不必要求学生一字一句地阅读,可以要求学生事先预习,课上教师有重点地讲解,或者与学生以互动的方式共同探索。

4. 把例文作为阅读和讨论的对象。我们之所以称"例文"而不叫"范文",是因为我们选出的文章许多出自普通留学生之手,是真实的,是一般学习者通过努力可以达到的,而不是高不可攀的。教师在引导学生学习例文时,要注意从内容、语言和写作方法三个方面启发学生思考,通过讨论,让他们认识例文值得学习的地方。本书对例文不作分析评论。任课教师可以根据教学实际加以评说。

5. 对于课文中的练习,可以有选择地让学生做。我们设计练习时,本来的考虑就是留有一定的选择余地,让教师根据学生情况选取适合学生水平的练习,以适应各种不同情况的教学需要。

6. 每次作业都要讲评,帮助学生明白自己文章的优点和缺点,以利于进一步提高。

7. "教学常用词语"只供学生查阅。这个表中列出的是写作教学中常常会用到的一些专业性比较强的词语,把它们列出来并配上拼音和英译,主要目的是帮助学生扫清学习和听课障碍。具体地说,教师可以引导学生查阅此表,或进行必要的讲解,学生自学时也可以随意查阅。

8. "小词典"是针对例文中出现的词语而安排的,也是为了方便学生理解例文的内容,同时也是学生扩大词汇量的一个途径。这部分词语也不必像汉语课那样详细讲解和练习,教师可以根据情况指导学生理解并使用。

以上建议是我们在实际教学中的一些心得,仅供使用者参考。相信使用者一定会在此基础上有更好的发挥和创造!

我们追求的目标是实用、适用、好用。我们深知,完全达到这个目标并非易事。我们衷心地感谢您关注和使用本套教材,也热诚欢迎使用者提出意见和建议,以帮助我们完善它。

我们还要衷心感谢北京大学社科部对本套教材的编写提供资助,衷心感谢北京大学出版社为我们提供了出版的机会,衷心感谢贾鸿杰、崔蕊两位编辑为这套教材的出版所付出的辛勤劳动。

最后,我们对本书所引例文的作者表示衷心的感谢。但由于有些例文未能确定作者,相关作者可以在看到本书后,联系出版社商谈稿酬事宜。

编　者

2017年元月

目 录

第一部分 汉语写作基本知识（上） ·············· 1
  汉语常用标点符号（上） ·············· 3
  汉语写作基本格式（上） ·············· 8
  修改汉语文章的常用符号（上） ·············· 11

第二部分 应用文（上） ·············· 17
  应用文写作知识（上） ·············· 19
  应用文写作训练（上） ·············· 21
    一、请假条 ·············· 21
    二、启事 ·············· 24
    三、一般书信（含电子邮件） ·············· 29
    四、申请书 ·············· 38
    五、感谢信 ·············· 43
    六、邀请信 ·············· 47
    七、贺信 ·············· 50
  汉语词语知识（一）近义词与反义词 ·············· 53

第三部分 记叙文（上） ·············· 57
  记叙文写作知识（上） ·············· 59
  记叙文写作训练（上） ·············· 64
    一、我的小传 ·············· 64
    二、日记 ·············· 70
    三、传统故事 ·············· 74
    四、记人的记叙文 ·············· 80
    五、记事的记叙文 ·············· 86
    六、游记 ·············· 91
  汉语词语知识（二）褒义词与贬义词 ·············· 97

第四部分 说明文（上） ……………………………………………… 101
  说明文写作知识（上） ………………………………………… 103
  说明文写作训练（上） ………………………………………… 106
   一、生活小常识 ……………………………………………… 106
   二、国人喜爱的树与花 ……………………………………… 109
   三、民间节日 ………………………………………………… 113
   四、食品制作 ………………………………………………… 117
   五、生活经验谈 ……………………………………………… 120
  汉语词语知识（三）新词语与外来词 …………………………… 125

第五部分 议论文（上） ……………………………………………… 129
  议论文写作知识（上） ………………………………………… 131
  议论文写作训练（上） ………………………………………… 134
   一、一事一议 ………………………………………………… 134
   二、读后感（观后感） ……………………………………… 139
   三、思想评述 ………………………………………………… 143
   四、演讲稿 …………………………………………………… 147
  汉语词语知识（四）汉语中的谐音 ……………………………… 153

附　　录　汉语写作教学常用词语（上） ……………………………… 158

第一部分

汉语写作基本知识（上）

汉语常用标点符号(上)

学习要点提示:
1. 什么是标点符号?
2. 常用的标点符号有哪些?
3. 汉语标点符号在书写时应该注意哪些问题?

无论用哪一种语言进行写作,都离不开标点符号。由于语言的特点不同,各国书面语所使用的标点符号也不尽相同。不了解所学语言文字的标点符号,不懂得怎样使用标点符号,阅读时往往会产生误解,写作中也可能会使人错误地理解作者的写作用意,以致造成不必要的麻烦。因此,学习汉语写作应该掌握汉语常用标点符号的有关知识。

一、标点符号的作用

标点符号是用来记录语言文字的辅助工具,是书面语的一个重要组成部分。标点符号用于文章语句之中或句尾,表示停顿或某种语气,有时也可以揭示词语的性质和作用。

二、汉语常用标点符号

现代汉语书面语常用的标点符号有十五种,包括:句号、问号、叹号、逗号、顿号、分号、冒号、引号、括号、破折号、省略号、着重号、连接号、书名号和间隔号。

本册重点介绍句号、问号、叹号、逗号、顿号、分号、冒号、引号八种常用标点符号,其他标点符号放在下册介绍。

(一) 句号【。】

句号用于陈述句的末尾,表示这一句话陈述完了。例如:
(1) 我是北京大学的留学生。
(2) 我每天在学校附近的饭馆儿吃饭。

(二) 问号【?】

问号用于问句的末尾,表示一句问话完了。例如:

(1) 你姐姐在家吗?(用于带有语气助词"吗""吧"的疑问句)
(2) 你们班有多少学生?(用于带有疑问代词的疑问句)
(3) 您这儿有没有包子?(用于肯定与否定形式相叠的疑问句)
(4) 我不会游泳,你呢?(用于带有语气助词"呢"的疑问句)
(5) 这座山有多高?(用于带有疑问副词"多"的疑问句)
(6) 你吃米饭还是馒头?(用于选择疑问句)
(7) 又吃面条?(用于带有疑问语调的疑问句)

(三)叹号【!】

叹号又称感叹号,用于感叹句或语气强烈的祈使句、反问句末尾。例如:
(1) 这里的景色太迷人了!
(2) 谢谢!
(3) 别说了! 烦死了!
(4) 这像什么话!

(四)逗号【,】

逗号用于句子的中间,表示句中短小的停顿。例如:
(1) 学生嘛,当然要把主要精力放在学习上。
(2) 应该说,他的建议还是有一些道理的。
(3) 在老师的帮助下,我的汉语水平有了很大的提高。

(五)顿号【、】

顿号用于句子内部并列的词语或短语之间,表示停顿。例如:
(1) 这些包子、饺子、豆包儿什么的,我都爱吃。
(2) 老人通过看报纸、听广播、看电视,了解国内外大事。

(六)分号【;】

分号用于复句中并列的分句之间,表示停顿。例如:
(1) 要是你们找到她了,就赶快打电话告诉我;要是明天还找不到,就报警吧!
(2) 今晚的晚会我去不去呢? 去吧,我还有一大堆作业要写;不去吧,她肯定会不高兴。

(七)冒号【：】

冒号主要用于以下几种情况：

1.用于称呼语之后，引出写给对方的话语。例如：

(1)亲爱的爸爸妈妈：
　　　你们好！
(2)尊敬的校长先生：
　　　您好！

2.用于提示语之后或总结性的话语之前，表示提起下文。也用于引用的话语之前，当完整引用某人的话语时，后面要加引号。例如：

(3)老王早就警告过我们：对像他那样的人要多留一个心眼儿。
(4)以上的例子充分说明：不能随便相信网络上的传言。
(5)临走的时候，村长对我说："我们全村的人都盼着你回来。"

(八)引号【""】

引号用来表示文中直接引用的部分，有时也用来表示需要着重论述的对象或具有特殊含义的词语等。例如：

(1)人们常说："良好的开端是成功的一半。"
(2)所谓"票贩子"，就是那些把抢购来的票高价卖给别人的人。
(3)很多"粉丝"都到剧场给他们的偶像加油。

三、汉语标点符号在格式上的书写位置

标点符号在书写的时候，也有一些格式上的问题需要注意。

(一)句号、问号、叹号、逗号、顿号、分号和冒号一般占一个字的位置，在稿纸上单占一格。大多写在格的偏下的位置。

【例1】

（二）句号、问号、叹号、逗号、顿号、分号和冒号不能出现在一行的行首，如果前面的文字正好写到行末，没有空格留给以上标点符号时，可把标点符号与前面的汉字写在同一格内。

【例2】

| | | 爷 | 爷 | 退 | 休 | 以 | 后 | ， | 每 | 天 | 无 | 所 | 事 | 事， | 读 | 读 | 报 | 纸、 |
| 看 | 看 | 电 | 视， | 觉 | 得 | 很 | 无 | 聊。 | | | | | | | | | | |

（三）引号的前一半和后一半可以各占一格，也可以同其他标点符号共占一格。引号的前一半不能出现在一行的行末，后一半也不能出现在一行的行首。

【例3】

		见	到	老	李，	经	理	奇	怪	地	问	："	我	听	说	你	感	冒
了，	怎	么	没	有	回	家	休	息？"	老	李	"	嘿	嘿	"	一	笑	：	
"	早	就	好	了。"	经	理	说：	"	感	冒	刚	好，	别	干	重	活	儿。"	

练 习

一、给下面的句子加上适当的标点符号。

1. 我还没有去过天安门
2. 你喝可口可乐还是雪碧
3. 太棒了
4. 故宫 长城 天坛公园我都没去过
5. 如果你满意请告诉大家如果你不满意请告诉我们
6. 她哭着对我说我不让你走
7. 那只可爱的小猫喵喵地叫个不停
8. 事实证明只要努力学习就能够取得成功

二、改正下面用错的标点符号。

1. 昨天夜里、我做了一个梦。梦见自己变成了蝴蝶。
2. 谁做的事？谁自己心里清楚？
3. 苹果，梨，香蕉，这些水果我都爱吃。
4. 我离开北京的时候，她亲口对我说，"我等你回来"。

5. 我不知道该不该告诉她?
6. 你说什么,我怎么一点儿也听不明白。
7. 说你傻吧,你还不愿意听。说你不傻吧,你还总做糊涂事。
8. 快跑,马上就下雨了。

三、在下面短文的适当位置写上标点符号。

妈妈教训儿子 你看隔壁的小红 学习多努力 这次英语考试 考了95分 你为什么就不能向人家学习学习呢 儿子不服气地说 这有什么 我这次考试比她还多一点儿呢 妈妈大吃一惊 怎么 你考了96分 儿子不好意思地说 不是96分 是9.5分

汉语写作基本格式（上）

> **学习要点提示：**
> 1. 文章的标题应该写在什么位置？
> 2. 写文章的正文应该怎样空格？
> 3. 作者的署名应该放在文章的什么位置？

在汉语写作中，不同的文体对写作格式有不同的要求。但是对于初学写作的人来说，是需要了解和掌握一些基本写作格式的。

一、文章的标题

除了一些应用文不需要加标题以外，一般写文章都要有标题。标题的位置要根据字数多少来安排。一般来说，标题应该写在稿纸的第一行，如果标题字数不多，可以将标题居中或稍稍偏左一点儿；如果标题只有两个字，可以在两个字之间留两个空格；如果字数较多，应从左边起空四格开始写。

【例1】

						梦						

【例2】

					一	件	小	事				

【例3】

					选		择					

【例4】

				我	在	中	国	的	留	学	生	活			

一般来说,标题不加句号、问号、叹号等标点符号,即使是完整的句子;但如果是问句,问号不可省略;如果标题过长而且中间需要停顿的时候,可加逗号。

二、文章的正文

文章的开头要空两格写。如果文章分成若干段落,每一段落的开头都空两格。

【例5】

						让	微	笑	重	现					
		我	相	信	每	个	人	都	不	喜	欢	战	争	,	因	为	战	争	就
意	味	着	流	血	和	付	出	生	命	。	……				

三、文章的署名

文章作者的署名,要写在标题的下面,可以居中写,也可以写在右侧。署名与标题和正文之间可以各空一行,也可以不空行。

【例6】

				文	化	学	与	对	外	汉	语	文	化	教	学
							王		英						
		对	外	汉	语	教	学	包	括	很	多	方	面	,	其	中	……

【例7】

		我	的	爱	好					
							赵	晓	莉	
	我	的	爱	好	很	广	泛	，	像	看	电	影 、	踢	足	球 ……

报道性的文章或非正式的文章，作者的署名也可以写在文章的最后，一般要写在右侧，用括号括起来。

【例8】

今	天	就	写	到	这	儿	吧	。
						（ 王	晓	光 ）

一、下面短文中有格式上的错误，请按正确的格式将短文抄写在稿纸上。

		我	会	回	来	的
	北	京	是	我	的	第	二	故	乡 ，	现	在	我	就	要	离	开	这	里 ，
心	里	真	是	有	些	难	过 。	我	想 ：	等	我	大	学	毕	业	以	后 ，
我	还	会	回	到	这	里 。
再	见	了 ，	北	京 ！
	（ 王	晓	光 ）

二、请将下面的短文按照正确的格式写在稿纸上。

题目：忍无可忍

正文：丈夫回到家，妻子见他满脸通红，忙问他怎么了。丈夫涨红着脸说："我们公司的老板太让我生气了。他说从一月起给我们涨工资，现在都二月了，涨工资的事他连提都不提。我气坏了，今天我闯进他的办公室，用力拍着桌子，要求马上增加工资。"妻子一听吓坏了："你一定把老板得罪了，老板没骂你吗？"丈夫回答说："老板当时没在屋。"

三、写一篇200字的短文，按正确的格式抄写在稿纸上，并署上自己的姓名。

修改汉语文章的常用符号（上）

学习要点提示：

1. 教师修改学生的作文时,经常使用哪些修改符号?
2. 修改文章中写错的词语,应该使用什么符号?
3. 对文章中出现的多余词语,应该怎样修改?
4. 需要在文章中增加词语,应该怎么办?
5. 文章中某一词语或语句的前后位置需要对调,应该用什么符号来表示?
6. 不该空格的时候出现空格现象,应该怎么修改?

汉语教师在修改学生的文章时,常常会使用一些特殊的修改符号。如果学生对这样的符号不了解,就无法理解教师的用意,以致无法正确地按教师要求去修改文章,因此了解常用的修改符号也是必要的。

每位教师修改文章都可能有自己的特殊方式。但是,下面这些修改符号是通用的,是为大家所熟知的。

一般来说,教师用红笔修改学生的文章。

一、词语的修改符号

（一）改正符号【○】

对文章中写错的字或词语,可以将写错之处圈起来,然后在写错的字或词语上面写出正确的词语。如果学生的文章行距过窄,无法在行间写出汉字,也可以把需要修改的词语圈起来,再用一条线拉到文章四周的空处,与含有修改后的正确词语的圆圈相连接,表示后者替换前者。例如:

(1) 我的⊙做⊙文还没写完。　　⊙作⊙

(2) 味道不错,你⊙赏赏⊙。　　⊙尝尝⊙

(3) 昨天,⊙我见面了⊙一个中学同学,他是特意到北京来看我的。

　　　　　　　　　　　　　　　　　⊙我和一个中学同学见了面⊙

(二)删除符号【 ◯ 】

文章中出现多余的词语,可以把该词语圈起来,再用一条曲线拉到文章四周的空处,表示删除。例如:

(1) 这是我的汉语的老师。
(2) 我们的大学非常闻名于世界。
(3) 因此,总而言之,我们应该制定相关的法律,避免这种事情再次发生。

(三)增补符号【 ∧ 】

文章中的某一部分需要增补词语的时候,可将增补符号放在需要插入的地方。例如:

(1) 他写作文写很好。
(2) 我希望成像他那样的人。

当增补内容较多的时候,也可以在文章外面的空处写好增补内容,用线圈起来,连接一个长箭头,插入需添加内容之处。例如:

(3) 北京是中国的中心。
(4) 20%反对因特网实名制。

(四)对调符号【 ⌐⌐ 】

当文章中的某一词语或语句的前后位置需要对调时,将表示对调的折线放在需要对调位置的汉字或词语之间,表示前后内容调换。例如:

(1) 我先做个自我绍介。
(2) 我们吃了顿饭在外面的饭馆儿。

二、格式的修改符号

(一) 减小空距符号【∧】

在有空格的文字之间加上减小空距符号表示这里不需要空格,要将前后文字连接在一起。例如:

(1) 我很关心那里居民的衣∧食∧住∧行。
(2) 这些十一∧二岁的孩子都很可爱。

(二) 左移符号【⊢】

一些学生在回行时不顶格写,随意空格;或者另起一行时空较多的格,教师会用左移符号提示学生后面的句子要向左移动。例如:

		九	月	份	我	跟	朋	友	们	一	起	去	内	蒙	古	玩	儿	。	虽
⊢		然	我	对	所	有	在	内	蒙	古	看	到	的	名	胜	古	迹	都	很
⊢		喜	欢	,	但	是	给	我	印	象	最	深	的	还	是	在	草	原	骑
⊢		马	。																

(三) 右移符号【⌐】

一些学生写作时不了解每一段落之前要空两格的规则,往往空一格或顶格写,教师会用右移符号提示学生后面的句子要后退到指定的位置。例如:

	⌐	二	十	年	前	的	今	天	,	我	出	生	了	。	那	时	候	,	他	一
直	在	我	的	旁	边	温	柔	地	看	着	我	。	他	是	我	唯	一	的	哥
哥	。																		

一、请使用改正符号修改下面带点的汉字。

1. 她说汉语说的很好。
2. 我好久没对你联系了。
3. 一天没吃饭,我饿透了。
4. 她今天上午来过几次,现在还来了。
5. 我想成为向他那样的英雄。
6. 这个菜什么吃?
7. 我今天不舒服,不可以上课。
8. 我从来不吃过北京烤鸭。

二、请使用删除符号,将下面句子中多余的词语删除。

1. 大多数的同学都认为学习语音是最难。
2. 很多同学们都考得不错。
3. 他还在床上睡觉着呢。
4. 他打球比我打得很好。
5. 我今天有头疼,要去医院。
6. 那里常常发生了抢劫,很危险。
7. 他是不是中国人吗?
8. 这是我们公司刚刚新推出的产品。

三、请使用增补符号,将下面句子中缺少的词语填上。

1. 你打保龄球得很好。
2. 有几个同学去看球了,另外同学和女朋友约会去了。
3. 你昨天晚上去哪儿?
4. 你们是怎么找到他?
5. 他们俩在一起亲热的。
6. 他们都和蔼可亲的人。
7. 他们眼看结婚了。
8. 能有这么好的机会,我太高兴!

四、请使用对调符号,改正下面句子中的错误。

1. 请帮我开门一下。
2. 毕业大学以后,我一直在这家公司打工。
3. 来北京一个月多了,我认识了好几个中国朋友。
4. 他说明年回来中国。
5. 医生让她喝多水。
6. 他常常吵架和别的同学。
7. 我没想到你是原来这样的人。
8. 特别我对中国文化感兴趣。

第二部分

应用文(上)

应用文写作知识(上)

> **学习要点提示：**
> 1. 应用文是一种什么样的文体？
> 2. 应用文有哪些类别？有什么特点？
> 3. 怎样才能写好应用文？

一、什么是应用文？

应用文是办理公务或处理个人事务时经常应用到的一种文体，包括便条、书信、通知等。与记叙文、说明文、议论文等文体比起来，应用文讲究实际效用，有较强的目的性与针对性。现代社会离不开应用文，无论是日常生活还是工作，人们都需要通过应用文沟通信息、交流感情。

二、应用文的类别

应用文种类繁多，一般根据交际目的分为个人事务与公务两大类别。每个大类又包含若干小类。

个人事务类应用文指用于处理私事的文书，一般包括便条(请假条、留言条、收条与借条)、私人信函、启事、个人声明等。

公务类应用文指单位、团体等用来处理公务的文书，一般包括通知、布告、通告及各种事务信函等。

本册先介绍请假条、启事、一般书信(含电子邮件)、申请书、感谢信、邀请信和贺信。

三、应用文的写作特点

要写好应用文，应该了解应用文的三个特点：

(一)格式固定

应用文有较为固定的写作格式。这些格式是在长期的生活、工作中形成的，都已经固定下来了，所以写作时一定要按照特定的格式写，否则会产生误解。应用文的格式因具体类别而不同，但是称呼、正文、署名、日期等是常见的组成部分。除此之外，有的应用文还有标题、问候语、祝颂语。比如写一封申请书，首先要写标题，然后是对收信人的称呼，再写问候语，之后写正文，正文结束语之后要写上祝颂语和写信人的姓名、日期。这里只介绍常见的格式,具体某一应用文该用哪种格式,我们在应用文写作训练中再作介绍。

1. 称呼

称呼要写在第一行(如果有标题,要写在标题之下的第一行),顶格写,后面用冒号。写应用文要明确写作对象,也就是该文是写给谁的。在汉语中,不同的称呼方式包含着不同的感情,因此选择哪种称谓方式非常重要。"表示亲近或尊敬的修饰语+姓名/姓/名+称谓"构成完整的称呼,如"尊敬的刘经理"。表示亲近或尊敬的修饰语大多为"亲爱的""敬爱的""尊敬的"等,也可以不使用这些修饰语。

2. 正文

正文要另起一行,空两格写,转行时顶格。正文是写作的主要内容,要清楚明白地说明写作的意图。如果内容较多,可以分段写,写完一件事再另起一段写另一件事。写正文要注意层次分明,切不可语无伦次。

3. 署名与日期

署名的位置一般与正文之间空行(也可不空),写在正文的右下方。日期写在署名的下面。汉语表达时间的顺序和英语相反,汉语的习惯顺序是按照从大到小的方式排列,即"年、月、日",比如"2015年9月8日"。

(二)内容客观、真实

应用文属于实用写作,写作目的是为了解决问题,满足实际需要,而不是为了抒发感情或者发表议论,因此所说内容要客观,要减少不必要的描写性词语,不宜使用比拟或夸张等修辞方法(一般书信除外)。

写应用文要有实事求是的态度,所写内容一定要真实,不能为了达到某一目的而夸大、缩小或隐瞒事实。比如要写一则"出租启事",要将房屋所具备的各种条件如实地列出,不能为了吸引人而发布虚假的信息。

(三)语言准确、简洁

不同的应用文对语言有不同的要求。总的来说,应用文的语言要准确、简洁,不能出现语义模糊或歧义现象,特别是一些具有法律效力的应用文,更要字斟句酌。在语言准确的同时也要做到简练,宜直接说明写作意图,不要啰唆重复。比如写请假条,正文部分简要地说明请假理由、期限就可以了,不必详述相关情况。

应用文写作训练(上)

> **学习要点提示：**
> 1. 什么时候要写请假条？怎样写请假条？
> 2. 什么是启事？启事有哪几种？怎样写启事？
> 3. 根据书信的用途,可以把书信分成哪两种？一般书信的格式是什么？写一般书信要注意什么？
> 4. 在哪种情况下需要写申请书？怎样写申请书？个人简历怎么写？
> 5. 感谢信有什么作用？怎么写感谢信？
> 6. 邀请信有哪几种？怎么写邀请信？
> 7. 什么时候需要写贺信？怎么写贺信？

一、请假条

（一）写作指导

因为某种原因(应该是正当的理由)不能上学、上班或不能参加某个集体活动,要写请假条向相关负责人请假。根据请假原因,可以把请假条分为病假条与事假条。

请假条是便条的一种。请假条的格式一般包括标题、称呼、正文、祝颂语(也可以不写)、署名、日期六个部分。如果是请病假,最好同时附上医生证明。写请假条要注意以下几点：

（1）请假条的标题为"请假条"三个字,写在第一行,居中。

（2）请假条的称呼一般采用"表示尊敬的修饰语+姓+称谓"或者"姓+称谓"的方式,比如"尊敬的王老师""刘经理"等。

（3）请假条的正文说明请假原因、期限并提出请假和希望得到批准的要求。

（4）正文之后的祝颂语一般写"此致"与"敬礼"。"此致"一般在正文之下另起一行空四格书写。"敬礼"写在"此致"的下一行,顶格书写。"此致"后面不加标点符号,"敬礼"后面加感叹号。

(二) 例文

例文1

请假条

张老师：

　　今天起床后我感到脑门发热，嗓子疼，全身不适。我马上到医院看病，医生说我是上呼吸道感染，给我开了一些药并建议我在家休息一天。所以明天（9月22日）上午的写作课我不能上了。特向您请假，请您准假。

李　天

2016年9月21日

小词典

1. 嗓子	sǎngzi	throat
2. 适	shì	comfortable
3. 上呼吸道	shànghūxīdào	upper respiratory tract
4. 感染	gǎnrǎn	infect

例文2

请假条

王院长：

　　我妹妹将于12月28日结婚。作为她唯一的哥哥，我非常希望能回国协助她举办婚礼并当面祝福她。因此，我拟于12月26—29日请假四天。恳请您批准！

　　　此致
敬礼！

赵大卫

2016年12月23日

小词典

1. 唯一	wéiyī	only; exclusive
2. 协助	xiézhù	assist; assistance; aidance
3. 婚礼	hūnlǐ	wedding
4. 当面	dāng miàn	face to face
5. 拟	nǐ	plan

例文 3

请假条

尊敬的刘董事长：

　　近日本人身体状况欠佳，经几家医院多方会诊，未查出病因。现已联系德国一家医院，拟于5月1日赴德治病，特向您与诸位董事请长假两个月，恳请批准为盼，并对在此期间因病影响公司工作深表歉意。

　　　　此致

敬礼！

　　　　　　　　　　　　　　　　　　　　　　高　吉

　　　　　　　　　　　　　　　　　　　　2016年4月19日

小词典

1. 董事长	dǒngshìzhǎng	chairman of directors; chairman of the board
2. 欠佳	qiàn jiā	not good
3. 会诊	huìzhěn	consultation
4. 赴	fù	attend; go to
5. 诸位	zhūwèi	everyone

常用词句链接

1. 遵医嘱休息半月。
2. 请假一周。
3. 特此请假。
4. 恳请批准为盼。
5. 特向您请假，并望批准。

一、说说下面的请假条什么地方错了并改正过来。

> 金老师：
> 我有一件事情告诉您。四月份,我打算参加本科考试。原来我打算一边汉语学院的学习,一边本科考试的学习。但是时间很紧张。考试的内容很多。所以本科考试之间,请假您的课。我想考完以后再回来。成绩没关系。谢谢您的了解,请原谅我。
> 22班的日本学生
> 　山田和美

二、根据下列情况写请假条。

1. 你的父母要来中国,他们一点儿汉语也不会说,你要去机场接他们。你给老师写一张请假条。
2. 12月1日是你母亲五十岁生日。为了给母亲庆祝生日,你向领导请假一天。
3. 你的身体不舒服,要去医院检查,向经理请假一天。
4. 你是公司职员,身体需要动一个小手术,要请两个星期的假。你给老板写一张请假条。

二、启事

（一）写作指导

启事的"启"是"陈述"的意思。"启事"就是公开陈述事情,是单位、团体或个人需要向大家说明某事或希望大家帮助办理某事时使用的一种事务文书。启事不具备法令性、政策性,没有强制性和约束性。

启事按内容分,有寻物启事、寻人启事、求租启事、出租启事、出售启事、求购启事、招聘启事、征婚启事等。按公布的形式分,有报刊启事、电视启事、广播启事、张贴启事等。要在尽可能大的范围内发布启事,以便能达到写作目的。

启事由标题、正文、署名和日期几部分组成。写作时要注意以下几点:

1. 标题的写法有五种。第一种,只写"启事"两个字;第二种,把内容作为标题,如:"求租""招聘";第三种,内容和"启事"组成标题,如:"求租启事""招聘启事";第四种,启事者和内容组成标题,如:"北京汽车公司招聘";第五种,启事者、内容和"启事"组成标题,如:"北京汽车公司招聘启事"。

2. 启事内容简单的,通常一段成文;内容较为复杂的,正文通常分几个段落。正文要写清楚是什么事情,把时间、地点、缘由等交代清楚。

具体来说,写寻物启事要交代清楚物品丢失时间、地点,所丢失物品的名称,具体描述物品的颜色、品牌与数量等特征,正文还可以表达出丢失东西的焦急心情以及对拾到者的感激之情或者拟付酬金。

写求租启事,要将对房屋的具体要求写清,如地址、交通、室内设施等。必要时,也可以向房主作出一些保证,如不吵闹、保持环境卫生、按时交费等。

写出售启事,要说明出售者的身份,简单描述所要出售的物品、所售价格等。

写招聘启事,主要包括用人单位的简单情况、招聘目的、招聘对象、招聘条件等。如果招聘条件数目较多,可分条列举。

正文的结尾处可以写上联系地址、电话、联系人姓名、电子邮箱等。

3. 署名要写上启事者的姓名或单位的名称。若不愿意透露真实姓名,署名方式可以是匿名。

(二)例文

例文1

寻物启事

本人于2017年3月1日在中关村电子城不慎丢失一个手提包,包内装有本人的护照、手机、钱包以及本人的工作资料等重要物品。本人十分着急,请拾到手提包的好心人尽快打电话1390××××××××与我联系。必有重谢!

失 主

2017年3月2日

小词典

1. 不慎	búshèn	careless
2. 丢失	diūshī	lose
3. 资料	zīliào	data; datum; material
4. 尽快	jǐnkuài	as soon as possible

常用词句链接

1. 本人不慎在……遗失……。
2. 哪位好心人看到或代为保存，请打电话通知我。
3. 请尽快与我们联系。
4. 我们将上门领取。
5. 我们将给予一定的酬谢金。
6. 必有重谢。
7. 不胜感激。

例文2

求　租

　　本人是北京大学的留学生，求租一间30平米左右的住房，要求冰箱、洗衣机、空调、电视等家电齐全，有床、衣柜、写字桌等家具，可以洗澡、做饭、上网。房屋地点最好在中关村附近。

　　本人保证遵守小区有关规定，按时交纳有关费用。愿出租者请先电话联系，预约面谈时间。请拨打电话1365×××××××，找李先生。

求租人
2016年11月4日

小词典

1. 空调	kōngtiáo	air conditioner
2. 齐全	qíquán	complete; all ready
3. 衣柜	yīguì	garderobe
4. 交纳	jiāonà	pay
5. 预约	yùyuē	precontract; make an appointment

常用词句链接

1. 环境幽雅，交通便利。
2. 房间宽敞明亮，家具家电齐全。
3. 房屋高档装修，全新家具。
4. 楼层、朝向好。
5. 有宽带，网速快。
6. 价格合理。

例文3

出售二手自行车

　　我是语言大学的留学生,下个月我将回国,现出售一辆二手自行车。自行车为女式24型,黑色,六成新,好骑,有购车发票,价格面议。有意者请与我联系。

　　联系电话:××××××××;联系人:安娜。

安　娜
2017年2月5日

小词典

1. 出售　　　chūshòu　　　　sell
2. 型　　　　xíng　　　　　　type
3. 购　　　　gòu　　　　　　buy
4. 发票　　　fāpiào　　　　　invoice

常用词句链接

1. 出售电视机(洗衣机、冰箱)一台。
2. 能正常使用。
3. 六成(八成)新。
4. 有欲购买者,请与我联系。
5. 价格面议。
6. 联系电话:……;联系人:……。

例文4

寻语伴

　　本人是汉语学院的美国留学生,学习汉语一年半了。为了尽快提高自己的汉语水平,我想找一位中国大学生互教互学汉语和英语。我的要求是:认真负责,能说标准的普通话,每个星期至少学习3次,每次一个半小时,具体学习时间、地点可以面谈。本人联系电话:1312××××××××。

　　你想说一口流利的英语吗?那就快来找我吧!我们一定都能有所收获的!

汉语学院学生:吉米
2016年6月8日

小词典

1. 标准　　biāozhǔn　　standard
2. 普通话　pǔtōnghuà　　mandarin

例文5

海森公司招聘启事

　　海森公司是北京市一家中外合资的电脑公司,具有雄厚的实力和先进的技术,近年来经营成绩不俗,处于本行业的领先地位。为了进一步发展业务,现决定招聘电脑专业人员10名,具体要求如下:

　　1. 年龄在35岁以下,性别不限。
　　2. 具有计算机专业本科及以上学历。
　　3. 英语水平达到国家六级。

　　有意者请持身份证及毕业证书等有关资料,于12月20日上午9点到海森公司参加面试,地点在中关村大厦×××房间。

中外合资海森公司
2016年12月1日

小词典

1. 招聘　zhāopìn　　invite applications for a job
2. 雄厚　xiónghòu　　rich; solid
3. 经营　jīngyíng　　manage; deal in
4. 领先　lǐngxiān　　keep ahead
5. 学历　xuélì　　degree

常用词句链接

1. 本公司欲招聘员工10人,条件如下。
2. 待遇从优,欢迎面议。
3. 有意者请打电话……与……联系。
4. 未尽事宜,请与负责人联系。
5. 报名时间截至……月……日。

一、说说下面的启事有什么问题并做修改。

1.

> 　　如果你找到一个小的金戒指,请打电话×××××××或送到勺园××号楼××房间。谢谢!2月1日

2.

> 　　　　　　　　　　　卖
>
> 冰箱:150元　　电脑:300元　　洗衣机:100元
> 电话:62222222

二、根据下列情况写启事。

1. 你的手表丢了,写一个寻物启事。
2. 你要回国,欲出售自己的洗衣机,写一个出售启事。
3. 来中国以后,你要租房子,根据你的要求,写一个求租启事。
4. 你的公司要招聘两个业务经理,写一个招聘启事。

三、一般书信(含电子邮件)

(一)写作指导

书信是人类最重要的联络方式之一。根据书信的用途,可以把书信分为一般书信与专用书信。

一般书信是个人事务文书中最常见的一种,大多为私人书信,是指写给亲人、朋友、老师等进行私人往来的信。专用书信指用于某种特定的场合,针对某种特定的要求和事务所写的书信。专用书信有很多种,如申请书、邀请信、感谢信等。这些不同种类的书信,应用于不同的场合,写给不同的对象,在写作上也有不同的要求。

一般书信的格式包括称呼、问候语、正文、祝颂语、署名、日期六个部分。写一般书信时,要注意以下几点:

1. 称呼

长辈给晚辈写信一般只用名字,如"小明""莉莉"等。晚辈给长辈写信用"表

示亲近和尊敬的修饰语+称谓"或只用称谓,如"亲爱的爸爸""妈妈"。给朋友写信可以只用名字,如"小丽""张峰"等;也可以用"名字+称谓",如"王鹏哥";还可以在姓的前面加上"老""大""小"等字,表示亲热,如"老某""大某""小某"是关系密切的同事、同学之间的一种称呼。中国人有时也会以亲属的称谓称呼他人,表示关系密切,如"王叔叔""刘阿姨"。

2. 问候语

问候语写在称呼的下一行,前面要空两格。问候语要单独成为一个段落,同正文分开。常见的问候语为:"你好(您好)!""好久没联系了,最近忙吗?""家里都好吧?"若节日期间写信,要表达节日的问候,比如"新年好""国庆节快乐"等。

3. 正文

正文是信的主要部分,写信人要向收信人叙述所要传达的内容。具体来说,包括缘起语、主体文、总括语三个部分。缘起语一般是谈对方的事情,向对方表示思念、谢意、关怀等。中国人认为先谈对方的事情是礼貌的表现。主体文谈自己的情况,清楚明白地说明写信的意图。另外,正文不宜写得太长,把要谈的事情表述清楚就可以了,不必说太多的客套话。总括语就是在信写完以后总结一下主要内容,多半用在内容比较多的书信的末尾,比如"拜托之事,请您一定帮忙""一定要注意身体,千万别过于劳累"等等。总括语也可以不写。

一般书信的内容很宽泛,通常是向对方表示问候,询问近况,并且叙述自己的情况,然后提出自己对对方的希望和要求。一般书信都是写给个人的,因此写信时要充分考虑对方的感受。写信的对象不同,所使用的语言风格也不同。一般来说,写给长辈,语气要尊重、恭敬;写给学生、子女等晚辈,语气要亲切、温和;写给比较熟悉、关系密切的同学、同事或朋友,可以轻松、随便一些。

4. 祝颂语

信的正文写完后,要写上表示敬意、祝愿或勉励的话,作为书信的结尾,即"祝颂语"。祝颂语由两部分组成:"祝(愿、盼)+祝福的话"。祝颂语中的"祝""愿""盼"等词可以放在内容结束之后的句号后面,不加标点,祝福的话则另起一行顶格写,一般加上叹号;也可以将"祝""愿""盼"等词放在正文结束后的下一行,前面空二至四格,祝福的话再另起一行顶格写。祝颂语也可以写"此致""敬礼"。

写祝颂语是表示对收信人的尊重。祝颂语也必须根据写信人与收信人的关系以及收信人的具体情况来加以选择,不能乱用。如对老人可以写"敬祝长寿",对晚辈可以写"学习进步",对同事或朋友可以写"工作顺利"等。典雅祝颂语多用于对长辈、长者、平辈或同事、朋友,对于晚辈则简单用"祝""盼"等即可。

5. 署名

完整的署名包括称谓、姓名和表示行为的词语,如"学生 张志 敬上"。可根据与对方的关系选择是否写完整的署名。一般来说,姓名全写,比较郑重、严肃;只写名字,表示亲近。长辈给晚辈写信,不写表示行为的词语;晚辈写给长辈或平辈之间通信,署名时可以省去称谓,只写对方对自己的习惯称呼。对一般社交关系和工作关系的收信人,署名时只写姓名。给恋人或喜爱的人写信,可以在姓名前加上"永远爱你的""想念你的"等。

6. 信封

不管是写信还是去邮局邮寄东西,都需要写信封,要特别注意信封的写法。若从海外向中国国内寄信,则按照国际信函的标准,信封左上方分别写寄信人的姓名、地址,信封中间分别写收信人的地址、姓名。若在中国国内寄信,信封的写法是在信封左上方写收信人的邮政编码,不写邮政编码或写错位置,信有可能被退回来。然后写收信人的地址。信封中央写收信人的姓名,字可以写得大一些,姓名称谓后面写上"收"字。寄信人的地址写在右下方,右下方的最后一行是寄信人的邮政编码。写地址时按照从大到小的顺序:国家—省—市—区—街/路—门牌号/楼号—房间号。

```
┌─────────────────────────────────────────────────┐
│ ┌─┬─┬─┬─┬─┬─┐                                   │
│ │1│0│0│8│7│1│                                   │
│ └─┴─┴─┴─┴─┴─┘                                   │
│ 北京市海淀区颐和园路5号                          │
│       北京大学×号楼×××房间                       │
│                                                 │
│            张小丽        收                      │
│                                                 │
│            上海市政通路280号复旦大学国际文化交流学院 │
│                             ┌─┬─┬─┬─┬─┬─┐       │
│                             │2│0│0│4│3│3│       │
│                             └─┴─┴─┴─┴─┴─┘       │
└─────────────────────────────────────────────────┘
```

7. 电子邮件

随着社会的进步,书信的形式也在急剧地发生变化,现在用笔写信的人越来越少,大多数人都用电子邮件(E-mail),但写电子邮件的一些基本原则和传统书信是一样的。

电子邮件正文的格式和一般书信相同,只是前面有标题栏。"收件人(To)"框中应输入收信人的电子邮件地址。如果除了收件人,还要同时发送给其他人,就把其他收件人的地址输入"抄送(Cc)"。"主题(Subject)"框的内容应简明地概括信的内容,短的可以是一个词,如"问询";长的可以是一个短语、一个句子,如"新年快乐""请大家注意明天的会议取消了",但长度一般不超过两个简单句。一般来说,电子邮件要写得简单明了,便于阅读,正文的篇幅宜短小,太长的内容可以以附件的方式发出。

(二) 例文

例文1

亲爱的爸爸、妈妈：

你们好吗？最近身体怎么样？

我一切都好，你们放心吧。我刚来北京的时候，有点儿不习惯这里的天气，夏天太热，晚上不开空调我根本睡不着。真是出家门才知家乡好，喝过他乡水才知故乡的水甜。不过现在我已经深深地被这个城市所吸引，过得非常开心。对于我来说，这里的每样事物都很新鲜，我每天都非常高兴。

我总是利用周末旅游，北京的名胜古迹我几乎都跑遍了。故宫、颐和园、北海我去了不止一次，这些地方太漂亮了。我照了很多照片，马上就传到我的网上个人空间，你们也欣赏一下吧。为了更多地了解中国文化，我还游览了许多其他地方。我的计划是半年跑遍半个中国。到目前为止，我去了曲阜、泰山、黄山、上海、杭州，每个地方有每个地方的特色。由于时间有限，我就不在信里给你们一一介绍了。真希望你们也到中国来看看，到时候我给你们当导游。

中国不仅风景美，人也好。有很多热心的人给我指过路，中国的年轻朋友见了我总是热情地跟我打招呼，水果店的老板也总是给我最好的水果，修自行车的师傅有时还会免费帮助我。更有意思的是，在中国的市场买东西，还可以讨价还价。有一次我想买一件大衣，卖衣服的人要300元，我150元就买到了。最近我花200元买了一辆自行车，是新的！因为校园很大，从我的宿舍到学校大门很远，走路要15分钟，现在好了，骑自行车5分钟就到了。每天晚上我还骑车到学校的健身房锻炼身体。我的生活已经离不开自行车了。

和不同国家的留学生一起学习汉语也非常有意思。我喜欢我的同学和我们的班，很高兴在中国我认识了这么多朋友。和朋友聊天儿的时候，我总是说汉语。现在我的汉语越来越好，听和说基本都没有问题了。

好了，今天就写到这里吧，你们多注意身体，等放了寒假，我一定回去和你们团聚。

祝

身体健康！

女儿 丽莎 上

2016年10月1日

小词典

1. 故宫	Gùgōng	the Imperial Palace
2. 颐和园	Yíhé Yuán	the Summer Palace
3. 北海	Běihǎi	Beihai Park
4. 个人空间	gèrén kōngjiān	personal space
5. 欣赏	xīnshǎng	enjoy
6. 曲阜	Qūfù	Qufu (in Shandong province)
7. 泰山	Tài Shān	Taishan Mountain
8. 黄山	Huáng Shān	Huangshan Mountain
9. 上海	Shànghǎi	Shanghai
10. 杭州	Hángzhōu	Hangzhou
11. 有限	yǒuxiàn	limited
12. 免费	miǎnfèi	free of charge; for free
13. 讨价还价	tǎojià-huánjià	haggle; bargain
14. 健身房	jiànshēnfáng	gymnasium
15. 团聚	tuánjù	reunite

例文 2

亲爱的杰夫：

　　我又给你写信了。我实在没有办法控制对你的思念之情！

　　不知不觉和你相识已经四个月了，感觉好多事情就如昨天发生的一样！我们在一起的每一刻都清晰地印在我的脑海里。还记得我们初次相识的时候，正是初夏，大雨来临，我没有带伞，独自在屋檐下避雨，抬头望着灰蒙蒙的天，心里不免着急。这时，你出现了，柔声说："我送你回去吧。"我们并肩走在路上的时候，你总把伞撑向我这边，恐怕雨水淋着我，而自己被淋湿了却浑然不觉。也许在别人看来这是最平常不过的一件小事情，可是却深深地打动了我的心。你仿佛有一种魔力，使我第一次见到你就爱上了你。

　　中国诗人徐志摩曾经说过："我将在茫茫人海中访我唯一灵魂伴侣，得之，我幸；不得，我命。"我是多么幸运啊！自从认识了你，我生命的历程便掀开了新的篇章。世界因为有了你而美丽，我的心因为有了你而陶醉。我喜欢和你牵着手在河边散步，我喜欢和你背靠背坐在草地上背唐诗，我喜欢和你一起数天上的星星，我喜欢看你打篮球时潇洒的背影，我也喜欢你在电脑前埋头苦干的样子。总之，我觉得生活中有你真好。

　　亲爱的，你头脑聪敏，善于思考，博学多才，和我理想中的丈夫完全相符。我想和你一起走完我们两个人的人生！相信一定会很幸福的！

祝
一切都好！

　　　　　　　　　　　　　　　　　　你的珍妮
　　　　　　　　　　　　　　　　　2016年12月10日

小词典

1. 思念	sīniàn	miss; have in mind
2. 不知不觉	bùzhī-bùjué	unconsciously
3. 清晰	qīngxī	clearly
4. 屋檐	wūyán	eave
5. 撑	chēng	prop
6. 浑然不觉	húnrán-bùjué	unaware
7. 魔力	mólì	fascination; bewitchment; charm
8. 茫茫	mángmáng	boundless; vast
9. 灵魂	línghún	soul; spirit
10. 伴侣	bànlǚ	partner
11. 历程	lìchéng	course; process
12. 陶醉	táozuì	inebriation; inebriety
13. 潇洒	xiāosǎ	degage; smart; dapper
14. 埋头	máitóu	immerge
15. 聪敏	cōngmǐn	sagacious; sagacity
16. 博学多才	bóxué-duōcái	wise and versatile

例文3

收信人：×××@163.com
主题：参赛作品已收到

刘霞女士：
　　您好！
　　您的参赛作品《飞天》和《无题》已于昨日收到。为确保本次大赛的公正性，组委会决定实行匿名评审制。比赛结果将于5月1日揭晓。届时请登陆网站www.sheyingdasai.com.cn进行查询。
　　此致
敬礼！

　　　　　　　　　　　　　　　　中国摄影大赛组委会
　　　　　　　　　　　　　　　　　2016年3月1日

小词典

1. 确保	quèbǎo	insure
2. 公正性	gōngzhèngxìng	fair and square; impartiality
3. 实行	shíxíng	carry out; implement
4. 匿名	nìmíng	anonymity; cryptonym
5. 评审	píngshěn	assess
6. 揭晓	jiēxiǎo	announce; make known
7. 届时	jièshí	at the appointed time; on the occasion
8. 查询	cháxún	query

例文 4

收信人：×××××@126.com
抄送：××××××@163.com
主题：志愿者报名

爱心社负责人：

您好！我已收到贵社寄给我的暑期山区义务支教活动的通知。我非常愿意参加这次活动，为学生提供义务授课，同时也为社会做一点儿贡献。

去年暑假我曾去过宁夏某山区小学义务支教，那是我度过的一次最有意义的假期。上次的经历给我心灵带来巨大的震撼。看着孩子们天真无邪的眼神，听着他们琅琅的读书声，我知道他们太需要我们的关怀与救助了。贫困山区的孩子虽然生活条件恶劣，但是他们非常渴望学习文化知识。

正像一首歌里唱的那样："只要人人都献出一点爱，世界将变成美好的人间。"我愿意通过我微薄的力量，传递爱心。

　　此致
敬礼！

李　文

2016年6月3日

小词典

1. 志愿者　　zhìyuànzhě　　volunteer
2. 义务　　　yìwù　　　　　voluntary
3. 支教　　　zhījiào　　　　teach voluntarily (especially to the depressed area)
4. 贡献　　　gòngxiàn　　　contribution
5. 心灵　　　xīnlíng　　　　heart; soul; spirit
6. 震撼　　　zhènhàn　　　convulse; convulsion
7. 天真无邪　tiānzhēn wúxié　simplehearted
8. 琅琅　　　lángláng　　　sonorously
9. 关怀　　　guānhuái　　　solicitude; care for
10. 恶劣　　　èliè　　　　　atrocious
11. 渴望　　　kěwàng　　　long for; yearn for
12. 微薄　　　wēibó　　　　slender
13. 传递　　　chuándì　　　pass; transfer

常用词句链接

1. 很高兴收到你的来信。看完你的信后我的心情久久不能平静。
2. 很抱歉这么久才给你回信。我最近特别忙，每天都加班，连约会的时间都没有。
3. 好久没通信了。你最近怎么样？我非常想念你。
4. 你在来信中提到的事情我会尽快帮你办，你尽管放心。
5. 我是北京网络公司的经理刘林，素昧平生，贸然去信，唐突了，请见谅。
6. 以上是我的一些想法，还很不成熟，请您指正。冒昧之处，请多多包涵。敬请回复，谢谢。

常用祝颂语

1. 身体健康　　　2. 工作顺利　　　3. 学习进步
4. 万事如意　　　5. 心想事成　　　6. 新年快乐
7. 全家幸福　　　8. 马到成功　　　9. 新春愉快
10. 事业有成　　11. 一帆风顺　　　12. 学业锐进
13. 生活幸福美满　14.（敬祝）教安　15.（顺颂）近祺

一、下面的信从内容到格式上都有错误,请在信纸上纠正。

> 亲爱的毛毛:
> 你好!你最近如此?谢谢你给我用汉语介绍曼谷情况的份材料,对我很有用。我希望我离开北京以前赶快写完泰国游的文章。我尽量好好努力写文章吧。你的材料来到我这里的时候,不巧我在日本不在北京的宿舍了。当时在我家发生了一些急事回了国。在日本,只是看亲戚而已,就没有时间了。回来北京后也差不多,忙得很,最近才轻松起来了。
> 我昨天跟李燕见面,她已经进入期末考试了。我也明天要考试,从六月底到七月初要考四门。考完试后,我打算去内蒙古玩玩。
> 好吧,今天到这儿吧。
> 李辉
> 11.2.2016

二、根据下列情况写信。

1. 你和你的好朋友一年没有见面了,你听说他最近结婚了,很想知道他的情况,所以决定给他写一封信。
2. 给父母写一封信,向他们表达问候并汇报你最近的情况。
3. 给你的大学老师写一封信,谈谈自己的留学生活和对中国大学教育的看法。

三、根据下列情况写电子邮件。

1. 发电子邮件给北京大学对外汉语教育学院报名参加"留学生才艺大赛"。
2. 你从刚买的面包里吃出鸡蛋壳,给该面包生产公司发一封邮件反映该问题并索赔。
3. 你已经在网上预订了9月2日至5日的宾馆,给宾馆发邮件询问房间是否预订成功,并向宾馆提出一些住宿要求。

四、申请书

（一）写作指导

申请书又叫申请信，是向有关单位或个人提出请求时写的一种专用书信。请求加入某个社团或者组织、请求解决某个问题、要求某种权利、留学生申请短期留学等都需要写申请书。

申请书由标题、称呼、问候语、正文、祝颂语、署名和日期几部分构成。写申请书要注意以下几点：

（1）标题一般为"申请书/申请信/申请"几个字或者"关于……的申请""……申请"，如"奖学金申请"。

（2）问候语一般为"您好"，后面用感叹号。

（3）如果对方不了解你的情况，要在正文开始时先做自我介绍。陈述理由是正文的重点，对所申请事情的理由要写得非常充分，态度要诚恳，要能够说服对方答应你的请求。正文结束语表达希望对方接受所提申请的愿望。

（4）署名时一般在姓名前面加上"申请人"三个字，并用冒号。

（5）申请读书的信一般要附上简历，所以信的内容与简历的内容不要重复。写信以前，要先了解对方的要求，然后有针对性地向他们提供自己的背景资料。

（二）例文

例文1

申请书

尊敬的李教授：

　　您好！

　　我有机会申请在北京大学中文系做博士后研究工作，深感荣幸。北京大学历史悠久，人才辈出，我仰慕已久。如果我能够到北京大学进一步深造，将为我的人生增加一笔重要的财富。

　　现在我是英国牛津大学语言文化系中国文化专业博士三年级的学生，即将毕业。我博士论文的题目是《中英文化比较》。博士研究生期间，我在牛津大学系统学习了汉语与中国文化。在严谨朴实的学风熏陶下，自己的水平和能力有了质的飞跃。牛津大学良好的教育和严格的训练不仅使我获得了丰富的理论知识，而且增长了我的科研能力。在读博士期间，发表了两篇与中国文化有关的学术论文。

　　我硕士研究生与大学本科阶段均在耶鲁大学度过，学习的专业是汉语。这七年,我学习非常努力,对于教师布置的各项任务都能出色地完成,较为全面地掌握了汉语的各项技能,其中翻译能力尤为突出,受到教师的好评。在学好专业课的同时,我还注重综合能力的培养,我曾当过义务辅导老师,组织过汉语演讲比赛、中国文化展等等。大量的社会实践活动锻炼了我的组织、协调以及宣传能力。大学期间,我一直踏踏实实学习,认认真真做事。

我坚信如果能给我去北京大学深造的机会,我一定能够取得更大的进步。请您接受我的申请。随信附有我的简历。如有机会与您面谈,我将十分感谢。

　　　　此致
敬礼!

申请人:李吉

2017年3月1日

小词典

1.	申请	shēnqǐng	apply
2.	中文系	Zhōngwén xì	Chinese department
3.	博士后	bóshìhòu	postdoctor
4.	悠久	yōujiǔ	centuries-old
5.	人才辈出	réncái bèichū	person with ability come forth in great number
6.	仰慕	yǎngmù	admire
7.	财富	cáifù	fortune
8.	牛津大学	Niújīn Dàxué	Oxford University
9.	博士	bóshì	doctor
10.	即将	jíjiāng	be about to
11.	严谨	yánjǐn	precise; strict
12.	朴实	pǔshí	plain
13.	熏陶	xūntáo	edification
14.	科研	kēyán	scientific research
15.	耶鲁大学	Yēlǔ Dàxué	Yale University
16.	布置	bùzhì	assign
17.	出色	chūsè	excellent
18.	注重	zhùzhòng	pay attention to

19. 综合	zōnghé	colligate; comprehensive
20. 协调	xiétiáo	assort with
21. 简历	jiǎnlì	resume

附：个人简历

个人概况：
  姓名：李吉   性别：男
  出生年月：1989年1月1日 国籍：英国
  学历：博士   专业：汉语
  电话：×××××××   E-mail：××××@newcolu.com

申请目标：
  北京大学中文系博士后

教育背景与科研水平：
  2014年至今，英国牛津大学语言文化系，博士。专业：中国文化。博士论文题目：《中英文化比较》。
  2013年，论文《中英礼貌文化比较》，发表于《中国文化研究》第1期。
  2012年，论文《中英问候语对比研究》，发表于《中英文化对比研究》第1期。
  2011—2014年，耶鲁大学中文系，硕士。专业：汉语。硕士论文题目：《美国学生学汉语的难点问题分析》。
  2007—2011年，耶鲁大学中文系，本科。专业：汉语。本科论文题目：《美国学生中文写作中的偏误分析》。

工作经历及获奖情况：
  2014年，担任牛津大学留学生生活部部长。
  2013年，美国耶鲁大学中文系助教，负责组织初级汉语班学生演讲。
  2012年，担任美国《耶鲁大学学报（学生版）》编辑，主要负责回答投稿者提出的问题。2012年度该学报被评为优秀学报，本人被评为优秀编辑。
  2010年，获得美国耶鲁大学奖学金，学费全免。

外语及特殊技能：

汉语：达到中高级水平，通过HSK最高级别考试。

日语：说得非常流利，可以用日语写作。

法语：母亲是法国人，从小教我法语，听与说没有问题，读写稍有困难。

小词典

1. 概况　　　　gàikuàng　　　　general situation
2. 学历　　　　xuélì　　　　　　degree
3. 背景　　　　bèijǐng　　　　　background
4. 获奖　　　　huòjiǎng　　　　bear the palm
5. 助教　　　　zhùjiào　　　　　teaching assistant
6. 编辑　　　　biānjí　　　　　 editor

例文2

关于调整上课时间与学期时间的申请

敬爱的校长：

您好！

我是汉语学院的留学生，非常冒昧地给您写这封申请信。

关于上课时间的事情想请您听听我们留学生的想法。按照学校的规定，各个院系都是早上八点上课。对于留学生来说，这个上课时间太早了！根据我的调查，大多数留学生在自己的国家都是九点才开始上课，他们都不习惯早起。每天早晨挣扎着爬起来，睡眼惺忪地到教室，迷迷糊糊地听课，严重影响学习效果。甚至有的学生因不能起床而缺勤，丧失了很多学习机会。另外，很多留学生住在校外，为了能够按时到校，要早上六点半甚至更早一些起床。即使是这样，也可能因遇上堵车而迟到。如果学生上课时间改为九点的话，既可以避开上班高峰时间，也能保证学生有充足的睡眠时间，从而提高学习效率。

此外，我们的学期太长了！第一个学期从9月初到1月初，第二个学期从2月中旬到6月中旬，每个学期都长达4个月。所有的同学还没到学期末就已经筋疲力尽了，最后几周简直就是在煎熬，很难集中精力上课。留学生来中国的目的一方面是在学校学习语言，提高语言水平；另一方面是为了亲身体验中国生活，了解中国文化。"读万卷书，行万里路"。我们留学生需要利用假期到中国各地去参观考察，如果把两个学期变成三个学期，将更有利于我们安排外出。

敬爱的校长,您能否根据我们的情况改变一下留学生上课的时间以及学期时间?请您对此予以考虑。盼望早日得到您的答复。
　　此致
敬礼!

申请人:马小华
2016年3月1日

小词典

1. 冒昧	màomèi	presumptuous
2. 调查	diàochá	investigate
3. 挣扎	zhēngzhá	struggle
4. 惺忪	xīngsōng	not yet fully open on waking up
5. 迷迷糊糊	mímihūhū	dazed
6. 缺勤	quē qín	absent
7. 丧失	sàngshī	be bankrupt in; lose
8. 避开	bìkāi	avoid; evade
9. 高峰	gāofēng	summit
10. 睡眠	shuìmián	sleep
11. 筋疲力尽	jīnpí-lìjìn	exhausted
12. 煎熬	jiān'áo	suffering
13. 体验	tǐyàn	experience
14. 考察	kǎochá	seeing about; investigate
15. 予以	yǔyǐ	give; bestow
16. 盼望	pànwàng	expect; look forward to
17. 答复	dáfù	reply

常用词句链接

1. 我申请加入……(组织)。
2. 请允许我申请……,以解决我的实际困难。
3. 特此申请。
4. 请您认真考虑我的申请。
5. 恳请您早日批准我的申请。

一、扩写:将下面的申请书扩写到400~500字。

申 请

尊敬的老师:

　　您好!

　　我想申请到贵校留学一年,学习汉语。

　　我是一名日本学生,已经获得了早稻田大学的学士学位,专业为国际贸易。我学习努力,成绩优秀。我对汉语非常感兴趣。如果我学好了汉语,将为中日之间的贸易往来贡献力量。

　　希望您能接受我的申请。

　　　此致

敬礼!

申请人:山下惠子
2016年4月20日

二、根据下列情况写申请书。

1. 你住的房间太冷,你给学生宿舍管理办公室写一封信申请换一个房间。
2. 你想申请延长在北京大学的留学时间,给留学生办公室写一份延长留学时间的申请。
3. 登山队是一个学生社团组织,你写一封申请书,要求加入登山队,说明你的优势以及你希望加入登山队的强烈愿望。

五、感谢信

(一)写作指导

　　感谢信是向帮助过自己的集体或个人表示感谢的专用书信。如果是写给单位的感谢信,可以用毛笔写在红纸上,公开张贴。感谢信既可以表达谢意,又有表扬该团体或者个人的作用。因此,即使是受到个人的帮助,感谢信也常常写给该个人所在的团体,使大家都知道这种值得表扬的行为。

　　感谢信通常由标题、称呼、正文、祝颂语、署名和日期几部分构成。写感谢信要注意以下几点：

(1) 一般以"感谢信"或者"致……的感谢信"作为标题。

(2) 称呼写被感谢的团体或个人。

(3) 正文缘起语写明感谢谁，为什么要感谢。主体文具体叙述事情的起因、主要过程，重点说明对方给予的帮助。结束语指出对方哪些地方值得表扬或学习并再次表达敬意或感谢。

(4) 感谢信建立在真实事件的基础上，要把真情实感写出来，表达出发自内心的感谢之情。评价对方要恰当，不能过度拔高，以免给人以失真的感觉。

(二) 例文

感谢信

新仁医院：

　　我要对贵院表示万分感谢！我是一个来北京打工的普通农民。一个月前，我的妻子突然心脏病复发，情况异常紧急。抱着一线希望，我们住进了贵医院。贵院的陈佳大夫在对我妻子的身体状况做了全面的检查之后，果断地决定立即手术。以我的收入，根本支付不起手术费。这时，贵院的大夫都纷纷向我伸出了援助之手，给我捐助了医疗费。当我表示谢绝时，他们都说："救人要紧，没有什么比生命更可贵。"万幸的是，手术相当成功。术后，各位护士又对我的妻子进行了精心护理，使得我妻子的病情很快好转。现在，我的妻子已经可以出院了。这对于我们全家来说，简直是个奇迹。

　　贵院的大夫不仅医术高，医德更高，是真正的白衣天使！我们全家都非常感动，我们无以回报，只有把这份恩情记在心里，深深地道一声感谢。

　　此致

敬礼！

高　壮

2016年5月18日

小词典

1. 打工	dǎ gōng	work
2. 普通	pǔtōng	common; ordinary
3. 农民	nóngmín	farmer
4. 复发	fùfā	recrudesce

5. 紧急	jǐnjí	urgent
6. 果断	guǒduàn	decidedly
7. 援助	yuánzhù	aid
8. 捐助	juānzhù	contribute
9. 谢绝	xièjué	decline with thanks
10. 精心	jīngxīn	aborative; elaborate
11. 护理	hùlǐ	nurse; tend
12. 奇迹	qíjì	miracle
13. 天使	tiānshǐ	angel
14. 回报	huíbào	redound upon
15. 恩情	ēnqíng	benefaction

例文 2

致刘小丽的感谢信

××大学汉语学院：

  我要向贵院的刘小丽同学表示衷心的感谢！刘小丽同学拾金不昧的精神令我十分感动。

  我10月2日在北美餐厅吃饭，不慎将手提包遗落在饭桌上，包里有近万元现金和身份证件、信用卡、公司的文件等。这些东西对于我来说十分重要，事关我公司的经济利益。如果手提包内的物品丢失，后果将不堪设想。事后我非常焦急，往返几次都没有找到。正当我准备报警、挂失银行卡、作废公司的文件时，接到电话，得知手提包被贵校的一名学生捡到。这位同学捡到我的手提包后，根据包上的公司名称先与我公司取得了联系，进而通知了我。之后，这位同学及时地把手提包归还给我。看到手提包失而复得，包内物品一样不缺，我欣喜万分！更令我感动的是，为表达谢意，我拿出2000元钱递给该同学作为报答时，被这名同学婉言拒绝了。

  后来，我得知该同学是贵校汉语学院的学生刘小丽，她具有良好的社会公德与现代大学生高尚的品质。感谢刘小丽同学的热心与无私，也感谢贵校培养出这么优秀的人才。请接受本人向贵校以及刘小丽同学致以崇高的敬意与深深的谢意！

   此致

敬礼！

北京科技公司 王云
2016年10月3日

小词典

1. 衷心	zhōngxīn	devout; heartfelt
2. 拾金不昧	shíjīn-búmèi	not pocket the money one picks up
3. 遗落	yíluò	lose
4. 信用卡	xìnyòngkǎ	credit card
5. 不堪设想	bùkān-shèxiǎng	can't conceive
6. 报警	bào jǐng	call the police; give an alarm
7. 挂失	guàshī	report the loss of sth.
8. 作废	zuòfèi	blank out
9. 名称	míngchēng	appellation; name
10. 失而复得	shī'érfùdé	regain
11. 报答	bàodá	repay; reciprocate
12. 婉言	wǎnyán	gentle words; tactful expressions
13. 公德	gōngdé	social morality
14. 高尚	gāoshàng	noble
15. 品质	pǐnzhì	quality
16. 崇高	chónggāo	sublime

常用词句链接

1. 向……致以崇高的敬意与衷心的感谢！
2. 对……深表谢意！
3. 特写此信表示万分的感谢！
4. 感谢您对我们的支持和帮助！
5. 对您的感激之情将永远存在我的心间。
6. 您的这种精神非常值得我们学习！
7. 我将更努力地工作与学习，以报答您对我的恩情。

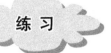

练 习

一、小组活动。

第一步，介绍你得到过哪些人的帮助。

第二步，介绍在帮助过你的人中，谁对你的帮助最大，他是怎么帮助你的以及你在这件事中受到了什么影响。

二、根据下列情况写感谢信。

1. 你在机场丢了笔记本电脑,电脑里有十分重要的文件,报警后警察很快帮你找回了电脑。你给他们写封感谢信表达感谢之情。
2. 你来中国以后,留学生办公室对你帮助非常大,你给他们写一封感谢信。
3. 你来中国参加了一次大型会议,有一位志愿者在整个会议期间帮助、照顾你,还在会议结束之后陪你参观了一些景点,使你愉快地度过了这段时间。会议结束后,你给他写一封感谢信。

六、邀请信

（一）写作指导

邀请信是邀请亲朋好友或者专家名人等参加某项活动的专用书信。可以按照内容分为宴会邀请、婚礼邀请、会议邀请、聚会邀请等。邀请信在重大活动中有凭证作用。

邀请信包括标题、被邀请人姓名、正文、邀请人信息、署名、日期等内容。写邀请信要注意以下几点：

（1）邀请信的标题一般为"请柬""请帖""邀请信"或者"邀请函"。如果买印刷好的卡片,卡片上已经印有标题"请柬"(或"请帖")。

（2）在标题下方另开始一行,顶格写对被邀请人的称呼,加冒号。

（3）第二行空两格开始写邀请信正文,主要写明时间、地点、活动内容等。具体正文内容可以根据实际情况决定,比如要组织什么活动,为什么要组织这次活动、被邀请人需要准备什么、向被邀请人表示热情期待等等。如果有其他特殊要求,比如服装要求、是否需要答复等,也要写上。

（4）正文右下角写上邀请人姓名,姓名下面写发出邀请的时间,如果需要还可以写上邀请人的联系方式。

(二)例文

例文1

请　柬

白晓先生暨夫人：

　　我们定于2016年8月26日中午12时在兴隆饭店举行婚礼。敬请届时参加。

范维　王艳
2016年8月15日

小词典

1. 请柬　　qǐngjiǎn　　invitation
2. 暨　　　jì　　　　　and (formal word)
3. 兴隆　　xīnglóng　　prosperous

例文2

邀请函

亲爱的王老师：

　　我们打算在圣诞节前夕举行一次中外学生联谊会。联谊会定在24日晚上7点开始，活动地点为学生会活动中心。

　　我们真诚希望您能够参加，期待您的光临。若您不能参加，请打电话××××××××告知。

　　　　此致

敬礼！

您的学生：王小亚等
2016年12月20日

小词典

1. 圣诞节	Shèngdàn Jié	Christmas Day
2. 前夕	qiánxī	eve
3. 联谊会	liányìhuì	sodality
4. 真诚	zhēnchéng	sincerely; genuinely
5. 期待	qīdài	look forward to; expect
6. 光临	guānglín	presence
7. 若	ruò	if

例文3

邀请信

尊敬的李友教授：

　　我们很荣幸地邀请您于本月15日到我院做一次关于当前中国经济情况的报告。报告题目和具体时间由您自行决定。如需投影或其他设备请于11日17点前告知。

　　非常感谢您对我院学术工作的支持，并诚挚期待着聆听您的精彩报告。

经济学院：钱德
2016年6月8日

小词典

1. 教授	jiàoshòu	professor
2. 荣幸	róngxìng	be honored
3. 自行	zìxíng	by yourself
4. 投影	tóuyǐng	projection
5. 诚挚	chéngzhì	sincerely; earnestly
6. 聆听	língtīng	listen respectfully

常用词句链接

1. 诚挚/荣幸地邀请……。
2. 真诚期待您能参加。
3. 请予答复。
4. 敬请/恭请光临。
5. 敬请届时参加/出席。

一、小组活动。

新年快到了,讨论一下你们要组织什么样的活动,打算邀请谁参加,然后分别给被邀请人写邀请信。

二、根据下列情况写邀请信。

1. 你要在家里组织一次学做中国菜的活动,想请全班同学参加。请给大家写一封公开的邀请信。
2. 有一个同学要提前回国,同学们打算给他办一个欢送会。请写一封邀请信邀请任课老师参加。
3. 你非常喜欢中国诗人李白,想组织一次纪念李白的诗酒会。请写一封邀请信邀请几位喜欢李白的朋友参加,要求每人自带酒水,并准备朗诵一首李白的诗。

七、贺信

(一)写作指导

贺信是在你的亲朋好友取得成功、获得重要职位,或者与你有关的单位组织成立、纪念日、取得重大成就时写的信。贺信的格式包括标题、称呼、正文、祝颂语、署名、日期等。写贺信要注意:

(1)贺信的标题一般为"贺信"两个字,用于个人的贺信也可以不写标题。

(2)标题下第一行顶格写接收贺信的单位或个人的名称,加冒号。

(3)第二行空两格开始写正文。正文缘起语写对什么事情表示祝贺。主体文一般对被祝贺者的成就等表示赞赏,说明其贡献及具有的宝贵品质,分析成功的原因,表达喜悦和祝贺之情。结束语可以提出希望或者表达写信人的决心。正文内容要简洁、真实,感情要真挚,评价要恰如其分。

(4)祝颂语要说一些祝愿的话,如"祝您取得更大进步"。

(5)正文右下角写祝贺人的姓名或祝贺单位的名称,姓名或名称下面写日期。

（二）例文

例文 1

贺　信

夏新建先生：

　　欣闻您在儒家哲学的研究领域成就突出，大作《荀子研究》于近期获得国家哲学社会科学创新一等奖。在此向您致以衷心地祝贺！

　　您对学术的热情和热爱，您取得的成就，永远令人仰慕。您兢兢业业、治学不倦的作风一直都是我们学习的榜样。

　　祝您在学术的道路上不断攀登、再创新高！

袁　军
2016年12月21日

小词典

1. 儒家	Rújiā	Confucianism
2. 领域	lǐngyù	field
3. 科学	kēxué	science
4. 创新	chuàngxīn	innovation
5. 仰慕	yǎngmù	admire; look up to
6. 兢兢业业	jīngjīngyèyè	cautious and conscientious
7. 治学不倦	zhìxué bújuàn	pursue one's studies unfailingly
8. 作风	zuòfēng	style; way
9. 攀登	pāndēng	climb; escalade

例文 2

王先生：

　　喜闻您新近就任电脑科技公司CEO。我感到非常高兴！特向您致以最诚挚的祝贺！

　　作为公司的元老，您一直勤恳工作。入职以来，您为公司耗费了巨大的心血，与公司共同发展，取得了骄人的成绩。您的努力得到了领导与同事的称赞，您的聪慧与才能也得到了领导的赏识，终于荣升为CEO。这是公司对你所做的贡献给予的肯定，相信您的未来更美好。

　　祝您前程似锦！

设计部部长：赵伟
2016年8月3日

小词典

1. 就任	jiùrèn	accede to
2. 元老	yuánlǎo	grand old man
3. 勤恳	qínkěn	hardworking and sedulous
4. 心血	xīnxuè	painstaking effort
5. 骄人	jiāorén	proud
6. 赏识	shǎngshí	appreciate

常用词句链接

1. 欣闻/喜闻
2. 值此……之际
3. 致以热烈/衷心的祝贺
4. 亲切慰问

练习

一、完成下列语段。

　　_____您喜得贵子，我非常高兴。

　　本应该前去看望，但是因为_____，不能前往，_____。过几天，我一定前往，当面_____。

　　希望你_____。祝小宝宝_____！

二、根据下列情况写贺信。

1. 你的好朋友张平新办的公司12月18日开始正式营业并要为此举行一个酒会，请写一封贺信表达你的祝贺之情。
2. 如果北京大学对外汉语教育学院举办成立30周年庆祝活动，请你代表所有在这里学习过的留学生写一封贺信。
3. 在这次全国运动会中，你的朋友获得了3000米长跑比赛的冠军，你给他写信表示祝贺。

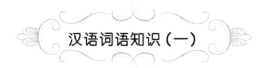
汉语词语知识（一）

近义词与反义词

一、什么是近义词？

近义词指在同一范畴中，词义上有基本共同性的词。之所以称某些词为近义词，是因为它们的词义主要方面相同。大多数的近义词都有相同的语素，比如"盼望"与"渴望"，"新颖"与"新鲜"，"突然"与"忽然"。绝大多数近义词同中有异，存在细微的差异。我们在运用这些词语时，要特别注意的是其中的差别。总的来说，运用近义词时，主要注意以下几点：

1. 近义词的语义轻重不同

比如"轻视"与"蔑视"都有"看不起"的意思，但是"蔑视"的含义更重。再比如，"渴望"与"希望"都是"心里想要达到某个目的或出现某个情况"，但是"渴望"的语气更重。下列几组近义词前者的语义轻，后者的语义重：

爱好——癖好	保重——珍重	病故——病逝	波浪——波澜
惭愧——愧疚	灿烂——辉煌	出现——涌现	固执——顽固
坏处——害处	焦急——焦虑	努力——竭力	热爱——酷爱
失望——绝望	优良——优异		

2. 近义词的使用范围不同

比如"困难"与"困苦"都有"遇到不容易解决的问题"的意思，但是它们的使用范围不同。"困难"使用的范围大，可以用在生活、学习、工作等几个方面，而"困苦"只能用来形容生活。下列近义词前者使用范围大，后者使用范围小。

| 灾难——灾荒 | 局面——场面 | 漂亮——标致 |
| 武器——兵器 | 显露——表露 | |

3. 近义词的搭配不同

一些近义词的意义侧重点不同，因而与之搭配的词语也不同。比如"保护"与"保卫"都有"不让受损害"的意思，但是它们的侧重点不同，"保护"侧重于照顾，一般不用武力，所以常与"环境""动物""植物""视力"等词搭配，而"保卫"侧

重于不受侵犯,可以使用武力,因此一般与"祖国""和平"等词搭配。下面几组词的搭配不同:

保持(联系)——坚持(原则)　　发挥(水平)——发扬(作风)
交换(礼物)——交流(经验)　　(食物)新鲜——(观点)新颖
尊敬(老人)——尊重(科学)

4.近义词的语体色彩不同

比如"倾谈"与"聊天"都有谈话的意思,但是前者用于书面语,后者用于口语。下列几组近义词中的前一词语用于书面语,后一词语用于口语:

病榻——病床　　不必——不用　　不仅——不光　　部署——安排
呈现——出现　　措施——方法　　廉价——便宜　　美丽——漂亮
譬如——比如　　散步——溜达　　事宜——事情　　赞扬——表扬
指摘——数落　　终究——总归

二、什么是反义词?

反义词是在同一范畴中意义相对或相反的一组词语。反义词从对立的方面表达同一类事物的不同情况。比如"长"的反义词是"短","长"与"短"同是度量单位。"美丽"的反义词是"丑陋",二者都用来描写外貌。反义词一定要在同一个意义范围之内,不同范围的词不能构成反义词,比如"大"与"瘦"就不是反义词。

反义词以形容词、动词居多。反义词大多数音节相等,以双音节的最为常见。汉语的反义词数量很多,根据反义词的语义,大致可以把反义词分为两类:绝对反义词与相对反义词。

绝对反义词是指反义词对立的义项无条件地互相否定、排斥,没有过渡项,比如"死"与"活"。绝对反义词"肯定A必然否定B,同样否定A必然肯定B"。下面几组反义词为绝对反义词:

动——静　　开——合/闭　　去——留　　真实——虚假
正常——反常　　正面——反面　　有——无

相对反义词是指反义词对立的义项之间存在过渡项,这种相反是程度上的,比如反义词"冷"与"热"之间还存在"温""凉";或者虽然不存在过渡项,但其性质是相对的,比如"买"与"卖"。相对反义词"肯定A必然否定B,否定A不一定肯定B"。下面几组反义词为相对反义词:

表扬——批评　　长——短　　低落——高涨　　高——低
厚——薄　　巨大——渺小　　美丽——丑陋　　贫穷——富裕
轻——重　　深奥——肤浅　　喜欢——讨厌　　细腻——粗糙
小气——大方　　新颖——陈旧

三、包含近义词与反义词的词汇

汉语中的某些词汇本身就是由近义词、反义词或者近义词与反义词共同组成的。

1. 近义词构成的同义并列复合词

按照　道路　吹捧　担负　饥饿　尖锐　开始　强壮
抢夺　敲打　亲近　品尝　疼爱　替换　凶恶　忧愁
灾害　真实

2. 反义词构成的复合词

出入　存亡　得失　动静　耳目　风雨　进退　利弊
生死　天地　忘记　兄弟

3. 成语的构成成分包含近义词或反义词

顶天立地　东张西望　顾此失彼　欢天喜地　口是心非
南腔北调　拈轻怕重　七上八下　轻重缓急　说长道短
舍生忘死　深入浅出　声东击西　头重脚轻　眼高手低
争先恐后

四、写作中近义词与反义词的运用

1. 恰当地运用近义词,能够增加语言的丰富性,使话语更生动。在一段话中,要重复指称某个对象时,如果总是用同一个词,会显得单调、乏味,这时,需要变换词汇,换用近义词。例如:

（1）大家都因为她口吃而**轻视**她,而我却从来没有**小看**过她,我觉得她很有毅力,一定能成功。

例句中的"轻视"与"小看"都是"看不起"的意思。

另外,运用近义词可以表达出细微差别,使表达更加充分细致。例如:

（2）希望大家在这次工作中**发扬**艰苦奋斗的精神,**发挥**出自己的才能,竭尽全力把工作做好。

例句中的"发扬"与"发挥"是近义词,都有尽力显出来的意思,但是"发扬"多与"精神""传统""风格""作风"等词语搭配,而"发挥"多与"才能""作用""特长""优势"等词语搭配。

2. 在同一段话中,运用反义词或者既运用近义词,又运用反义词,能形成对比,更精确地表达思想,强有力地表现事物的特点。例如:

（1）人生既是**快乐**的,又是**痛苦**的。之所以快乐,是因为我们不断地成长,不断地进步;之所以痛苦,是因为我们总是面临竞争与挑战,只有战胜自我,才能成功。

例句用了"快乐"与"痛苦"这对反义词描述人生。

（2）这是一场决定成败的考试,每个同学都全力以赴。从考场出来,有的同学垂头丧气,有的同学面露喜色,有的同学长吁短叹,有的同学喜上眉梢。究竟谁输谁赢,马上就可以见分晓了。

例句中"垂头丧气"与"长吁短叹"是近义词,形容失望,它们与"面露喜色""喜上眉梢"这些形容高兴的词语构成反义词。"谁输谁赢"中包括"输""赢"这对反义词,意思是结果如何。

第三部分

记叙文(上)

记叙文写作知识(上)

> **学习要点提示：**
> 1. 什么是记叙文？它有什么特点？
> 2. 写作记叙文要注意哪些要素？
> 3. 记叙文的人称有哪些？
> 4. 写作记叙文有哪些方法？
> 5. 什么是主题？写记叙文该怎样提炼主题？

一、什么是记叙文？

记叙文是一种以叙述、描写、抒情为主要的表现手法，记叙人物的性格和经历、事物的发展变化过程，并在记叙客观事物的同时，表现作者的思想、抒发作者的感情的文章。这种文章的基本特点是内容的叙述性。

二、什么是叙述？

叙述的性质主要体现在两个方面：一是记叙人、事物的变化和发展过程，呈现出线索的特点；二是叙述一般都会寓情、寓理，记人是如此，记事是如此，记物也是如此，只有这样，叙述才会具有意义。

叙述作为一种最基本的表达方法，在很多文体中都很有用。例如小说、散文、新闻文体、调查报告、游记、日记、传记、报告文学、读书笔记，甚至在议论文和专业性的论文中，只要涉及人和事，都会用到这种表达方式。

三、记叙文的基本要素

记叙文有六个要素，即时间、地点、人物、事件、原因和结果。这六个要素又以人物为核心，一般构成这样的关系：什么人物，在什么时间、地点，干什么事，是什么原因，有什么结果。这六个要素通常称为六个W，即who, when, where, what, why, how。

把记叙文的这些要素交代清楚是很重要的，它们可以使读者完整地了解人物的活动和事件发展的过程，从而准确地了解文章的内容。从写作的角度来说，交代清楚这些要素，可以使文章条理清楚，脉络分明，结构完整。如果要素残缺，必然会削弱文章的表达效果，也就难以使读者全面、完整地了解文章的内容了。

所以一般来说,记叙文的内容应该包含这六个要素,作者可以在写作过程中直接或间接地回答这六个 W。

四、记叙文的人称

人称,就是作者叙述的角度和立足点。换句话说,就是作者以什么身份,从什么角度来叙述。

记叙文的人称,通常有第一人称、第二人称和第三人称。

(一) 第一人称

作者以"我"或"我们"的身份在文章中直接出现,用"我"或"我们"的口吻进行叙述,给人的感觉是所叙述的事情都是作者亲身经历或者亲眼看到、亲耳听到的。

采用第一人称的优点是能使读者产生真实感和亲切感,也便于作者直接表达自己的思想感情。但是,这种写法也有局限性。因为这种叙述只能从"我"的所见所闻去写,所能涉及的人和事的范围受到限制,别人的一些心理活动也很难写进去。所以,它反映生活的广阔性和丰富性也就会受到一些限制。

(二) 第二人称

作者以"你"或"你们"的口吻在文章中进行叙述,给人的感觉是作者在和读者或文章中的人物直接对话。这样写,能使作者和读者或文章中的人物的距离拉得更近一些,能使读者感到亲切,也能直接体现作者对文中人物的感情和评论。但是在具体的写作过程中,第二人称比较难以把握,弄得不好会造成文章中人称的混乱,在表达内容上也有一定的局限性,所以不是所有的内容都适合用第二人称来进行叙述。

(三) 第三人称

作者站在第三者的立场上,用叙述他人事情的口吻来说话,把人物和事件直接展现在读者面前。在文章中所用的主要人称代词是"他"或"他们"。

运用第三人称进行叙述的好处是:作者不直接在文章中露面,可以根据自己的意图去表现,不受个人身份的约束。另外,用第三人称去反映事件和人物都有宽广的活动范围,不受时间、空间的限制,能够比较自由、灵活地反映客观内容。当然,它也有局限性,不如第一人称那样富有真切感,也不能像第二人称那样直接抒发作者对人物的思想感情。

五、写作记叙文的主要方法

（一）顺叙、倒叙与插叙

顺叙就是按照时间的推移、事件发展的进程或人物活动的次序来进行叙述。这是叙述语言的基本类型，是写记叙文的常用方法之一。这种方法叙述起来有头有尾，顺序而下，不仅层次清楚，而且给人以完整的印象，也便于组织材料，比较符合读者的接受心理。

但顺叙容易产生的毛病是罗列现象，缺乏剪裁，平铺直叙，较少波澜。因而在运用顺叙手法时，要分清主次详略，力戒流水账现象。

倒叙是顺叙的逆转，即先把事件的结果或高潮写出来，然后再按一定的顺序叙述。它并不是由"尾"至"头"的整个逆叙（如54321），这样的倒叙是很少的，而只是局部的"倒插"，如51234（即"结局"提前），或41235（即"高潮"提前）等。所以倒叙的方法实际上只是顺叙的一个局部的变通而已。

文章采用倒叙的写法，有的是因为事件的结局有特殊意义，先写出来加以突出、强调；有的是因为事件的结果能引起读者的兴趣，所以先写出来引人入胜；有的是为了造成悬念，引起读者寻根究底的兴趣。

插叙就是在叙述主要事件的过程中，暂时中断原来的叙述线索而插入与文章内容有关的另一内容的介绍或交代。这可以帮助读者了解事件发展的缘由，丰富叙述的容量，也可以使文章在结构上富于变化。插叙结束以后，文章仍然回到原来的叙述上来。

插叙还可以对事件中人物的身份、性格做简要的介绍，或对事件中的某一个环节做出解释和说明等等。但是，文章的插叙不可太多，否则会使文章显得杂乱和进展缓慢，也会使读者感到纷乱而产生厌烦。运用插叙的时候，还需注意把插叙部分的起止点交代明确。

（二）详叙与略叙

详叙就是详细、细致地叙述。在记叙人、事、物的过程中，为了突出重点，在关键的地方需要进行具体、详细的叙述。

略叙就是简略地叙述。对于与文章的主题关系不是那么密切的内容，可以写得简略一些，概括一些，以突出重要的材料。这是与详叙相对应、相配合的。

任何叙述，都不能不分主次，不分详略。该粗的地方就粗，该细的地方就细；该快的地方就快，该慢的地方就慢。略叙的好处就是粗而快，像电影里的大全景，视野开阔，轮廓清晰，给人以整体的认识，而且能较快地推进情节的展开，加快文章的节奏；而详叙的好处则在于它细而慢，像电影里的特写镜头，能起到放大的作用，让人从细部进行观察，从而能精雕细刻地展现事物的面貌，以慢节奏给读者造成强烈的印象。写记叙文时,把详叙和略叙很好地结合起来,能够使文章粗细相间,快慢有致,有点有面,有详有略,既有深度,又有广度,获得比较好的表现效果。

(三)总叙与分叙

总叙就是在记人、记事、记物时,先从总体上进行概括性的叙述,给读者一个完整的总体印象。

分叙就是把文章所要记叙的人或事进行分别的叙述。

分叙与总叙是相对应的。总叙要求概括地介绍全局,而分叙则要求具体地分开记叙局部,以局部来表现全局。分叙一般是在总叙之后,分部分叙述。这正如我们观察事物一样,先把事物的整体看在眼里。这个看在眼里的总体事物,只是一个总的印象或轮廓而已,要知道这些事物的详细情况,就要仔细地观察,把事物分成几部分来看。在一篇文章里,可以是总叙—分叙,也可以是分叙—总叙,还可以是总叙—分叙—总叙。

六、记叙文主题的确定

主题就是作者在文章中所要表达的中心思想或感情倾向。

一篇记叙文,无论是写人、记事,还是写景、状物,也不管它的篇幅是长是短,都要表达作者的思想感情。比如对所写的事情或人物表示欣赏、称颂、厌恶、批判等等,这些思想和感情倾向,就是文章的主题。

主题是文章的灵魂。它的重要性主要体现在三个方面:首先,主题决定了材料的取舍。如果没有主题,就没有选择材料的根据。其次,文章的篇章结构要根据表现主题的需要来安排。第三,文章的语言也受到主题的制约。如果文章没有明确的主题,只是堆砌很多华丽的词藻,就会显得没有条理,让读者好像漫无目的地在闹市中闲逛,完全不得要领。

那么,一篇文章的主题从何而来呢?文章的主题是通过对材料的分析和思考提炼出来的。

主题蕴藏在大量的材料之中,要想得到一个好的主题,要经过这样几个步骤:

第一,积累和收集材料。这些材料,可以是自己直接得到的,也可以是间接得到的。材料越丰富,提炼的主题会越准确、越具有典型性。

第二,分析和研究材料。面对大量的、各种各样的材料,要进行整理和排列,分析和研究它们之中到底包含着什么样的内涵。

第三,最终确立主题。材料中所包含的内涵可能是丰富复杂的,我们要进行归纳整理,分清主次轻重,从而最终提炼出一个明确的主题。

一个好的记叙文主题,应该具备以下几个条件:

1. 正确

主题要符合人、事、景、物的实际情况,反映这些人、事、景、物自身的本质和意义。

2. 集中

这意味着文章所要表现的人、事、景、物不管多么繁多、多么复杂,作者都要找出它们的共同点,用一个中心思想把它们串连起来。

3. 鲜明

记叙文的主题要通过对人、事、景、物的叙述让人能够明确地感觉到,而不能是模糊不清的。

4. 深刻

这是较高层次的要求。它一是指主题的思想容量大,具有很强的概括力;二是指主题对事物的本质概括得透彻,具有很深的洞察力。

5. 新颖

这也是一个较高层次的要求。它一是指从新鲜的事物中提炼出新鲜的思想观点;二是指提炼主题时选取新颖的角度,有不同一般的切入点。

记叙文写作训练(上)

学习要点提示:
1. "我的小传"包括哪些内容?写作时有什么注意事项?
2. 日记的种类有哪些?写日记有哪些方法?
3. 小故事有什么特点?写好小故事要注意什么?
4. 写作记人的记叙文时根据什么选择材料?怎样描写人物?
5. 记事的记叙文与记人的记叙文有什么不同?写记叙单一事件的记叙文如何安排内容?写作时有什么要注意的?
6. 游记可以写哪些内容?怎样写好游记?

一、我的小传

(一)写作指导

小传就是篇幅较短的人物介绍,而"我的小传"就是简短的自我介绍。这类短文我们常常会在日常生活、学习和工作中用到。

一般来说,"我的小传"可以包括这样一些内容:

首先,介绍个人的基本情况。比如姓名、性别、年龄、国籍、家庭、学历等等,但不一定面面俱到。

其次,介绍自己的成长经历。比如家庭背景、学龄前的趣事、在学校期间的学习、课外活动、社会活动情况以及主要的工作经历等等。

最后,介绍自己的性格、爱好、特长及各方面的能力等。比如自己的性格是属于哪一种类型,有什么业余爱好,在体育、文艺、社会活动等方面有什么特长,自己哪个方面的能力有比较突出的优势等等。

这类短文看起来比较简单,只要把自己的情况直接写出来就可以了,但要写得有特色、富有感染力并不容易。主要要注意以下几个方面:

(1)内容真实,情感真挚

这是写好"我的小传"的最基本的要求。只有先做到这一点,其他的内容才会有吸引力。

(2)目标明确

写个人的小传一般有两种情况,一是有针对性的、具体的写作目标,如申请延长学习时间、申请获得某种资格、申请奖学金或某个奖项、竞选某项职务、申请晋升职务、求职等等。二是一般性的写作,没有实际的写作目标。比如学生写作文、向老师同学或同事介绍自己等等。这两种很不相同的情况,决定了小传的材料选择和语言风格。所以写小传一定要明确写作目标。

(3) 重点突出

不同的写作目标有不同的写作重点。如果是有具体写作目标的小传,那就应该把重点放在受教育的程度、性格、特长、能力、经验、已取得的成绩等方面;而如果只是完成一般的作文,那内容安排就可以自由、轻松得多,可以多表现自己的个性、兴趣爱好、思想感情和一些趣事等。

(4) 表现特色

这是一个比较高的要求。小传的特色可以是严肃认真的,可以是自信向上的,可以是轻松幽默的,也可以是浪漫优雅的。总之,强烈的个性特色能够使你的小传更具魅力。

(二) 例文

例文1

我的自传

我叫小山智子,是一个女生,今年19岁,出生在日本的奈良。我从小在一个幸福和谐的大家庭中长大,家里有爷爷、奶奶、爸爸、妈妈、两个弟弟和我。虽然是三代人共居一家,免不了有不同的想法和习惯,但我们互相包容,互相关爱,相处得非常融洽。在这样的环境中成长,使我从小就懂得了什么是爱和宽容。

我从小就是个稳重安静、踏实勤奋的学生。在小学和初中阶段,因为成绩优秀和人际关系好,我一直担任班长,初中毕业时老师给我的评语是"品学兼优"。后来我通过正规的考试进入日本一所著名的艺术高等学校学习油画。但是才上了一年,就因为爸爸被公司派到中国工作而来到了北京。刚到北京时我的情绪很低落,觉得放弃这么好的学习机会太可惜了。但没过多久我就发现,我在北京找到了更好的学习环境。在这里,我不仅进入了可以让我继续学习油画的一流学校——中央美术学院附中,而且还交了很多中国朋友,有了一个学习中文的好环境。我的中文水平因此而取得很大进步,仅一年半的时间,已经达到了HSK8级,和中国人交流基本没有障碍。同时,在老师们的耐心指导下,我的油画水平也在稳步提高。在学校举办的艺术节上,我的作品《古都》获得了二等奖,得到老师和同学的充分肯定。我觉得我在这里找到了自己的位置。

> 看到这里,你是不是会觉得我这个人除了学习没有别的兴趣呢?其实我是个热爱生活、爱好广泛的人。课余时间,我常常和朋友们一起去K歌、逛街,也喜欢看美国大片、吃冰淇淋。忘了告诉你,我还是个不错的长笛手呢!
>
> 我现在的理想是,高中毕业后进入中央美术学院继续深造,学习我喜欢的油画,将来成为一个优秀的艺术家,用我手中的笔来描绘这个多姿多彩的世界。
>
> （小山智子）

小词典

1. 和谐　　　　héxié　　　　　　　harmonious
2. 居　　　　　jū　　　　　　　　　live; reside
3. 免不了　　　miǎnbuliǎo　　　　　unavoidable
4. 包容　　　　bāoróng　　　　　　contain; include
5. 关爱　　　　guān'ài　　　　　　 take good care of
6. 融洽　　　　róngqià　　　　　　placatory; harmonious
7. 宽容　　　　kuānróng　　　　　 catholicity; tolerance
8. 稳重　　　　wěnzhòng　　　　　steady-going
9. 勤奋　　　　qínfèn　　　　　　 diligent; industrious
10. 职务　　　　zhíwù　　　　　　　headship
11. 评语　　　　píngyǔ　　　　　　comment; remark
12. 品学兼优　　pǐnxué jiānyōu　　　both moral and study are excellent
13. 油画　　　　yóuhuà　　　　　　canvas
14. 低落　　　　dīluò　　　　　　　depression; discourage
15. 一流　　　　yīliú　　　　　　　top-ranking; high-class
16. 障碍　　　　zhàng'ài　　　　　 obstacle; obstruction
17. 课余　　　　kèyú　　　　　　　after school
18. K歌　　　　 K gē　　　　　　　Karaok
19. 长笛　　　　chángdí　　　　　　flute
20. 深造　　　　shēnzào　　　　　 continue one's study
21. 描绘　　　　miáohuì　　　　　　describe; depict
22. 多姿多彩　　duōzī duōcǎi　　　　well-rounded

例文2

柯里斯是个什么样的人

我叫柯里斯,男的,英国人,今年25岁。我的生活一直过得很幸福。我的家庭状态很稳定,我每天很快乐,很少后悔,从来不抱怨自己的运气。下面是我的故事。

我是1983年在英国出生的。我的爸爸在一家银行工作,我的妈妈是会计。父母的关系一直非常好,他们互相尊敬,互相爱慕。我有一个哥哥和一个弟弟,家里还有可爱的狗和猫。虽然宠物是动物,但是它们也算是我们的家人。

我的童年很快乐,整天跟兄弟和朋友一起玩儿,一点儿压力也没有。12岁那年,由于父亲换了工作,我们搬到爷爷奶奶的农场去住。虽然离开了朋友,也没有了邻居,觉得有点儿孤独,但农场旁边有一片巨大的森林,我和弟弟经常去那儿散步、骑自行车、滑雪、滑冰,所以我们觉得住在农场也有好处。

上中学时我参加了很多社团活动,比如乐队、合唱团、运动队、网球队、剧团、学生报社什么的。虽然我忙不过来,但生活丰富多彩。高中毕业时我在130名学生中排名第一。其实我没有努力学习,只是因为没有激烈的竞争,所以偶然排名第一。

在英国上大学很贵,我从银行贷款了。英国人大部分都一边上大学一边打工,我也不例外。我当过洗碗工,假期在夏令营教过法语。大学毕业后我当了一年建筑工人、一年幼儿园老师,然后开始学习语言学。

2002年的一天,我的右臂有一种奇怪的麻木的感觉,持续了几个星期,让我不知所措。医生检查后说,我的脊椎里有肿瘤,必须动手术,不然我会死。我只好面对现实,虽然动手术也有危险。

手术后,我的腿一点儿也不能动,也没有感觉。我的第一个反应是镇静,我一向认为生活就是这样,常常会面临困难。家人和朋友每天来安慰我,我告诉他们我很快乐,其实有时候我也很沮丧。

8个月以后,我终于能别别扭扭地走路了。现在我走路走得比较自然,可是我还算是个残疾人,我不能跑步、骑自行车、滑冰、开车、爬山,甚至上下楼也有点儿难。虽然动手术以后我的生活多了许多挑战,我也更深地体会到了生活的价值,同时我也习惯了用镇静的态度面对困难,所以一直到现在我还是觉得很幸福。

(柯里斯)

📖 小词典

1.	抱怨	bàoyuàn	complain
2.	运气	yùnqi	luck
3.	会计	kuàijì	accountant
4.	爱慕	àimù	adore
5.	宠物	chǒngwù	pet
6.	童年	tóngnián	childhood
7.	孤独	gūdú	lonely
8.	乐队	yuèduì	band
9.	合唱	héchàng	chorus
10.	剧团	jùtuán	troupe
11.	丰富多彩	fēngfù-duōcǎi	rich and colorful
12.	偶然	ǒurán	by accident; once in a way
13.	贷款	dài kuǎn	loan
14.	例外	lìwài	exception
15.	夏令营	xiàlìngyíng	summer camp
16.	麻木	mámù	numbly
17.	持续	chíxù	persist
18.	不知所措	bùzhī-suǒcuò	lose one's head
19.	脊椎	jǐzhuī	acantha
20.	肿瘤	zhǒngliú	knub
21.	镇静	zhènjìng	composure; calm
22.	沮丧	jǔsàng	dismay; depression
23.	别别扭扭	bièbieniūniū	difficultly; unnaturally
24.	残疾人	cánjírén	handicapped
25.	挑战	tiǎozhàn	challenge

一、**缩写文章:阅读并理解下面文章的内容,把它从950字压缩到300字。**

她的过去和现在

1979年5月21日,在釜山医院的妇产科,一个哭声很大的孩子出生了。怀孕的时候,她的妈妈以为她是男孩子,可是她却是个女孩子,这让她妈妈很沮丧。亲戚们安慰她说:"她有很多头发。"

小女孩儿出生两年后,她和家人搬家了,搬到了一个闲适的地方。房子的后边有山,前边是田野,风景非常美丽。在那里她度过了童年时光。她的性格和举止好像男孩子,做什么都想赢。她常常跟姐姐、弟弟、朋友们打架或吵架,每次基本上都能赢,所以小朋友们叫她"胡同队长"。邻居们则常常问她:"你究竟是男孩子还是女孩子?"

上小学的时候,女孩儿和家人一起搬到了汉城。从那时起,她的性格和举止开始有了变化,她变得越来越温柔了。虽然她的生活仍然很热闹,但她竟然有了一个安静的爱好,那就是书法。然而不久她就放弃了这个爱好,是因为上中学后没有时间练习。

从上高中开始,她学习起来就拼命地学,玩儿起来又是拼命地玩儿。那时,很流行打篮球。有一天,她跟六个朋友不管老师会不会骂,逃课去了篮球场。很幸运,老师不知道那天的事情。到快考试的时候,她就不跟朋友们出去玩儿了,在学校努力学习,所以她的成绩一直不错。

高考以后,她觉得很难决定自己的专业。她的妈妈劝她学习韩文教育,她接受了妈妈的意见,进入江原大学的韩文教育科。

大学生活对她来说很有意思,什么都很新鲜。她喜欢喝酒、跳舞、唱歌,什么玩儿的都喜欢。她之所以特别喜欢喝酒,是因为这样可以跟新朋友更加亲密。

然而从三年级起,她有点儿苦闷,是因为她的专业跟当老师有关系。假若考试及格,她可以当老师,可是她不想当老师。所以别人准备考试的时候她不好好儿准备。四年级的时候,她去参加教学实习,跟学生在一起很愉快,她的心里也产生了变化。她开始想当老师了,虽然晚了一点儿,但没关系,她开始准备考试。最后由于准备得不充分,她考试没有及格。她很沮丧,一连几个月闷闷不乐。后来,她教了七个月小学生。她对自己的生活越来越失望。一个偶然的机会,

> 她来到中国,学起汉语来。刚来中国的时候,她不习惯这里的生活,但因为有妹妹的帮助,她很快渡过了难关。来中国后,她学习了汉语,交了很多外国朋友,现在她对她的决定和在中国的生活很满意,她觉得汉语对她有很多好处,所以她现在还在北大汉语学院努力学习汉语。
>
> 也许你已经猜到了吧,文章中的"她"其实就是我呀,哈哈。
>
> (金珉知)

二、分组讨论:老师提前布置学生写自我介绍的大纲,上课时三四位同学一组,根据提纲互相做自我介绍。

三、根据小组讨论的内容,写一篇600字左右的小传。

二、日记

(一)写作指导

把自己一天所经历的事情和对这些事情的感受记录下来,这就是日记。

写日记的好处很多。一是可以通过写日记留下自己成长和生活的足迹,给自己留下很好的纪念;二是可以通过写日记整理自己一天的情绪和想法,对思考和丰富人生很有好处;三是如果留学生经常用汉语来写日记,对提高汉语写作能力会有很大的帮助。

根据内容和作用的不同,日记也有多种类别。除了我们平时写的一般的日记以外,还有工作日记、病情日记、观察日记、训练日记、成长日记等内容各有侧重的日记。这里所涉及的就是记录日常生活的一般的日记。

这种日记的形式和内容都比较自由,也没有固定的格式,可以在第一行写上日期和天气情况(比如:2015年8月20日,星期四,天气:多云)。可以写入日记的内容五花八门,一天的所作、所为、所见、所闻、所悟、所感,还有需要记录下来备忘的内容(比如下次跟朋友约会的时间、最近几天要办的事情等等)都可以写入日记当中。

写日记的方法也很灵活,主要有以下几种:

(1)记"流水账"。每天写日记,把一天的大事小事按照时间顺序,用叙述的方法和清晰的语言逐一记录下来。

(2)有重点地记叙。不每天写,也不每件事都写,而是选择一些比较重要的事情来详细记叙;在叙述的过程中还可以采用多种描写手法,也可以抒发感情、展开议论等等。

(3) 不以叙事为主，侧重于表现内心的感受，抒发自己的感情，表达对事物的看法。

(二) 例文

例文1

2015年4月30日（星期四）　北京　多云

今天太高兴啦！因为正好没有课，我和朋友要出发去广西桂林旅游啦！

来北京学习已经快一年了，我除了去天津旅行过一天以外，没有去过别的城市。很久以前就知道"桂林山水甲天下"这句话，所以我和朋友决定去桂林。听说五一劳动节时旅游的人很多，很难买到火车票，所以我们决定跟旅行团一起去旅行。总之，这次旅游是我一直梦寐以求的！

此时此刻我正在开往桂林的火车上。当我踏上火车时，又兴奋又激动，因为我从来没坐过如此长时间的火车：从北京到桂林要23个小时才能到达。我和朋友的票是卧铺，一张上铺一张下铺。这是我第一次坐卧铺，感觉特别兴奋，看着火车上的一切都觉得很新奇，旅途的劳累早已抛到了九霄云外。我们乘坐的火车要经过河北、河南、湖北、湖南，最后到达桂林。现在我们正在河南境内，沿途看到了很多美丽的自然景致，有雄伟的大山、茂密的树木、清澈的湖泊，还有红色的土壤等等，简直就像是一顿视觉大餐。

现在，天色已经渐渐暗下来了，但我还是贪婪地欣赏着窗外夕阳西下的美景，久久不愿移动我的目光。

小词典

1. 桂林山水甲天下	Guìlín shānshuǐ jiǎ tiānxià	Guilin's landscape is the best in the world
2. 五一劳动节	Wǔyī Láodòng Jié	Labor Day (on May 1st)
3. 梦寐以求	mèngmèiyǐqiú	earnestly long for sth.
4. 此时此刻	cǐshí cǐkè	temporality; at this moment
5. 踏上	tàshang	set foot on
6. 卧铺	wòpù	sleeper
7. 新奇	xīnqí	fancy
8. 劳累	láolèi	tire

9. 抛	pāo	throw
10. 九霄云外	jiǔxiāo-yúnwài	beyond the highest heavens
11. 境内	jìngnèi	cisborder
12. 沿途	yántú	on the way
13. 景致	jǐngzhì	scenery
14. 茂密	màomì	exuberant
15. 清澈	qīngchè	limpid; clear
16. 湖泊	húpō	lake
17. 土壤	tǔrǎng	soil
18. 视觉	shìjué	seeing
19. 大餐	dàcān	vision; feast
20. 贪婪	tānlán	avariciously; greedily
21. 夕阳西下	xīyáng xī xià	the setting sun
22. 美景	měijǐng	beautiful scenery

例文2

2015年5月1日（星期五）　桂林　晴

今天一早，阳光灿烂。我匆匆吃完早饭，又开始欣赏车窗外的美景，内心充满说不出的喜悦。当我正沉浸在这种美妙的感受中时，火车已经驶进了桂林站。出站时，我们竟然跟旅行团走散了，正当我们急得手足无措时，一对桂林的老夫妇发现了我们。这对慈祥的老人在得知我们的情况后，非常担心我们，主动为我们联系旅行社，帮助我们回到了旅行团，我和朋友都心存感激，感激这对善良的老人给予我们外国人的帮助。

小词典

1. 灿烂	cànlàn	brilliant; spelendid; gorgeous
2. 匆匆	cōngcōng	in a hurry
3. 内心	nèixīn	heart; innermost
4. 沉浸	chénjìn	enmesh; immerse
5. 美妙	měimiào	dulcet; great
6. 驶	shǐ	steer
7. 竟然	jìngrán	actually; unexpectedly
8. 走散	zǒusàn	went astray

9. 手足无措	shǒuzú-wúcuò	lose one's head
10. 慈祥	cíxiáng	kindly
11. 心存	xīncún	keep in heart
12. 善良	shànliáng	goodness
13. 给予	jǐyǔ	give; deliver

例文3

2015年5月2日（星期六）　桂林　晴

今天是我们正式在桂林旅游的第一天。我们先去爬叠翠山。我没想到桂林那么热，我还穿着长袖衣服，所以感觉很难受。但我到达山顶鸟瞰桂林全景时，我不由得发出了感叹——漓江横穿整个城市，到处都有奇形怪状的山，真美啊！

接着，我们坐船游览漓江的风景，觉得这里简直就是一幅油画，而我们就好像是进入仙境一般，身临其境，我忘记了自己的存在，感觉到天人合一的美妙。

经过了四个小时的漓江游，我们坐中巴通过西街。这条街比较长，两边有古色古香的商店、酒吧、饭馆儿等等。

晚上回到宾馆，虽然很累，但是觉得玩儿得很过瘾，我的大脑和相机中都留下了很多美好的记忆。现在该休息啦，我期待着明天的活动，一定会有新的风景和感受。

（池田博）

小词典

1. 叠翠山	Diécuì Shān	Diecuishan Mountain
2. 长袖	chángxiù	sleeve
3. 鸟瞰	niǎokàn	bird's-eye view; look down from above
4. 全景	quánjǐng	panorama
5. 不由得	bùyóude	involuntarily
6. 感叹	gǎntàn	plaint
7. 横穿	héngchuān	cross breadthwise
8. 奇形怪状	qíxíng-guàizhuàng	grotesque in shape
9. 仙境	xiānjìng	fairyland; elfland; wonderland
10. 身临其境	shēnlínqíjìng	be personally on the scene

11. 天人合一	tiānrén-héyī	the harmony between man and heaven\nature
12. 古色古香	gǔsè-gǔxiāng	old-timey
13. 过瘾	guò yǐn	satisfying a craving

一、扩写文章：阅读并理解下面两部分话语的意思，根据基本内容把其中的一部分扩写成一篇300字左右的日记。

1. ……年……月……日（星期……） 天气：……

今天天气很好,晴空万里。

今天我要出发去中国留学,爸爸(妈妈、兄弟姐妹、朋友)到机场送我。

我的心情……;大家都……;在飞机上……。

到达首都国际机场,……。在去学校的路途上,……。到了学校,……。我的宿舍……。我的同屋……。

我对中国的第一印象……。我今天的感觉……。

2. ……年……月……日（星期……） 天气：……

今天我们汉语(口语)课学了一篇课文……;我们先……,再……,然后……。

课文的内容是……;我觉得……,因为……;同学们觉得……;老师认为……。

下午没有课,我和同学……,因为晚上要给一位朋友过生日。

晚上,我们约好……。在生日聚会上,……;结束后,我们还……。

丰富多彩的一天过去了,我觉得……。

二、根据最近自己的生活情况,选择最有意思的一天写一篇400字左右的日记。

三、传统故事

（一）写作指导

几乎每个人小时候都听过故事。从广义的角度说,小说、电影、戏剧等文学艺术形式所讲述的都是故事;生活中发生的各种各样的事情也可以叫作故事。我们在这里所说的故事,是指在各个国家或民族中流传比较广泛,相对来说比较经典的传统故事。它有以下这些特点：

第一，故事的内容可以是虚构的，也可以是真实的；

第二，故事有生动的人物和有趣的、曲折的情节；

第三，故事的情节具有连贯性，一般都有开头、中间和结尾，富有吸引力和感染力，故事的内容引人入胜；

第四，故事的篇幅可长可短，长的可以讲几天几夜，甚至一直不断地延续下去；短的可能几句话就讲完了。我们这里所说的"传统故事"是指500字左右、内容比较简单的故事。

这种传统故事也有很多种类。我们常听到的有神话故事、民间故事、寓言故事、历史故事、童话故事、成语故事等等。

要写好500字左右的传统故事，主要要注意以下三点：

(1) 连贯而有趣的情节

写故事首先要有连贯的故事情节。在一个故事中，应该有一根主线贯穿始终，按照情节发展把事情的前因后果一步一步地交代清楚，有头有尾，首尾贯通，构成一个整体。在这个基础上，如果能够做到情节曲折起伏，既在意料之外，又在情理之中，就会进一步增加故事的吸引力和感染力。

(2) 通俗而幽默的语言

故事是一种比较通俗的文体，通常是在口头流传的，人们一般都是用口来讲，用耳来听，所以比较适合用口语化的词语、句式和语气来表现。如果再加上幽默、风趣的语言，则会大大增加故事的趣味性。

(3) 清晰而客观的叙述

在表达方法上，写故事应该以清晰、客观地叙述情节为主，尽量减少详尽细致的描写，更不能用很多篇幅去解释、抒情或发表评论。

(二) 例文

例文1

井底之蛙

在一口很浅的小水井里，住着一只青蛙。它每天自由自在地生活着，觉得自己是最幸福的了。

一天，一只东海的大鳖路过这里，青蛙热情地邀请它到自己的家里做客。它们边走边谈。

青蛙得意地对大鳖说："你知道吗？我生活在这里是多么快乐呀！在井的外边，我可以自由地玩耍，在井栏上跳来跳去；当我感到累了的时候，我就钻到井壁上的小洞里休息。我可以在井水里游泳，只把胳膊和脸露出水面；我可以在泥里跳舞，泥刚刚埋没我的脚面。多么有意思的生活呀！你看水井周围那些小动物，谁能有我这么自在呢？我独自生活在这样一个小天地里，享受着所有的快乐，真是美极了。你不想到我的井里去看看吗？"

青蛙的一番话，把大鳖的心都说动了。它真想到井里去看看。可是它的身躯太庞大了，左脚还没伸到井里，右脚就被绊住了。它费了好大的力气才把脚退了出来。于是，它给青蛙讲起大海的故事来。

"你见过大海吗？大海非常辽阔。你往远处游，永远也游不到头；你往深处游，永远也摸不到底。古时候，曾经出现过十年中有九年发大水的现象，可是海水没见增多；后来又发生了八年中有七年大旱的灾害，可是海水也没见减少。无论什么时候，我们见到的大海永远是那么大，那么深。居住在大海里，才能真正感受到自由自在的快乐呢！"

青蛙听了大鳖的一番话，吃惊得说不出话来，呆呆地愣在那里，好像丢掉了什么似的。

小词典

1.	井底之蛙	jǐngdǐzhīwā	a person with a very limited outlook
2.	青蛙	qīngwā	frog
3.	大鳖	dà biē	turtle
4.	得意	déyì	complacent
5.	玩耍	wánshuǎ	play
6.	栏	lán	hurdle
7.	壁	bì	wall
8.	埋没	máimò	submerge
9.	自在	zìzai	free
10.	独自	dúzì	alone
11.	天地	tiāndì	heaven and earth
12.	番	fān	(*measure word*) time
13.	身躯	shēnqū	body
14.	庞大	pángdà	huge; gigantic
15.	绊	bàn	stumble
16.	辽阔	liáokuò	far-flung; vast
17.	旱	hàn	drought
18.	愣	lèng	freeze; to become motionless

例文2

嫦娥奔月

羿射掉了九个太阳,又除掉了人间的猛兽,回到天庭去向天帝汇报自己的工作。没想到天帝闷闷不乐地说:"你虽然对人民有功,可是你却射死了我的九个儿子,我一见到你,就会想起他们。你还是住在人间吧,免得我看见你就伤心。"

羿十分委曲,回到家后,向妻子嫦娥诉说心中的不平。没想到嫦娥也埋怨他:"都是因为你的鲁莽,咱俩从天上的神变成了凡人。做凡人就不能长生不老了,死了以后会到地下和黑色的鬼魂住在一起,我可受不了。"

"可我也没办法呀!"羿无奈地说,"当初看到百姓受那么大的罪,我哪能不管呢?再说,我也没想到天帝会这样对待咱们呀!"

"算了算了,现在说什么也没用了。"嫦娥说,"我听说,昆仑山旁边有一座玉山,西王母就住在那儿,她有长生不老药,咱们去要一些吧。""对啊!我怎么就没想到呢?我明天就去!"羿兴奋地说。

第二天一早,羿就背上弓箭,马不停蹄地赶到玉山。西王母听了他的遭遇后很同情他,马上给了他两份长生不老药。羿回到家里,把药拿给嫦娥看。两个人正要吃药,有人来找羿有事。羿就让嫦娥把药收起来,等他回来一起吃。

羿走后,嫦娥想:这药吃一份能长生不老,吃两份说不定就又能变成神仙呢!于是,她打开药包,把两份药都给吃了。不一会儿,嫦娥就觉得自己的身体变得轻飘飘的,脚也慢慢地离开了地面……

羿回到家里,发现嫦娥已经不见了,桌子上只有两个空药包。他急忙跑出屋子,只见天空中有一个黑乎乎的人影正在向上飘去,正是他的妻子嫦娥。他只好伤心地回去了。

嫦娥还在往上升着。她想:"众神要是知道了我的事,一定会看不起我的,所以不能去天庭。我就到月宫去住吧,那儿没有人知道我的事。"于是,嫦娥就向月宫奔去。

一到月宫,嫦娥就后悔了。原来,月宫里十分冷清,除了一只白兔、一只蟾蜍和一棵桂树以外,什么也没有。嫦娥感到非常寂寞,但已经晚了,她只好永远地住在月宫里,再也不能回到人间了。

📚 小词典

1.	嫦娥	Cháng'é	goddess in the moon
2.	羿	Yì	a supernatural being in Chinese fairy
3.	猛兽	měngshòu	feral beast
4.	天庭	tiāntíng	the place where the god lives
5.	天帝	tiāndì	god
6.	汇报	huìbào	report
7.	闷闷不乐	mènmèn-búlè	downhearted; unhappy
8.	功	gōng	contribution
9.	免得	miǎnde	lest
10.	委曲	wěiqū	undeserved
11.	诉说	sùshuō	tell; pour
12.	埋怨	mányuàn	complain
13.	鲁莽	lǔmǎng	imprudence
14.	凡人	fánrén	laic
15.	长生不老	chángshēng-bùlǎo	live forever and never grow old
16.	鬼魂	guǐhún	soul
17.	无奈	wúnài	cannot help but
18.	当初	dāngchū	originally
19.	昆仑山	Kūnlún Shān	Kunlunshan mountain
20.	玉山	Yù Shān	Yushan mountain
21.	西王母	Xīwángmǔ	Queen mother of the west
22.	弓箭	gōngjiàn	bow and arrow
23.	马不停蹄	mǎbùtíngtí	without a stop
24.	遭遇	zāoyù	befall; encounter
25.	说不定	shuōbudìng	perhaps
26.	神仙	shénxiān	supernatural being
27.	轻飘飘	qīngpiāopiāo	gossamer
28.	黑乎乎	hēihūhū	indistinctly observable in distance
29.	人影	rényǐng	person's shadow
30.	月宫	yuègōng	moon
31.	冷清	lěngqīng	quiet
32.	蟾蜍	chánchú	hoptoad
33.	桂树	guìshù	cherry bay
34.	寂寞	jìmò	lonely

一、听后写：听老师讲下面这个故事，然后不看书，把这个故事写下来。

塞翁失马

在靠近边塞的地方，住着一个智者。他能根据事物的发展变化推断吉凶。有一天，他的马丢了，他的家人都很着急，邻居们都来安慰他们。可他却说："怎么见得这不是我的福气呢？"

过了几个月，那匹马回来了，还把另外一匹骏马带了回来。人们听说了这件事，都跑来祝贺他说："恭喜你得到了一匹骏马。"这个人平静地说："得到骏马当然是好事，但是也不见得就不是一场灾祸。"

这个人的儿子喜欢骑马，得到这匹骏马后，非常高兴，马上拉出去骑。没想到这匹马性子很暴，人刚一骑上去，它就猛地一甩，他儿子从马上摔了下来，把腿摔断了。大家都佩服这位智者的先见之明，可他仍然平静地说："腿摔断确实是很可悲的事，但是也不见得就不是一件好事。"过了一年，远方的军队入侵，这里的青壮年都去打仗了。战争持续了很长时间，去打仗的人差不多都死了。而智者的儿子因为摔断了腿，不能去前线打仗，因此保住了性命。

生活就是这样，有时候福里隐藏着祸，有时候祸也可以转化为福。这里面有着很深的道理。

二、看图写：看下面的几幅图画，并根据这些图画所表现的内容写一篇400字左右的故事。题目：狐假虎威。

三、写一个你听过或看过的最有意思的传统故事(400字左右)。

四、记人的记叙文

(一)写作指导

记人的记叙文指的是以表现人物为中心的文章。这类文章以人物的活动为主线,抓住人物的肖像、语言、行动等特点,通过表现人物的言谈举止,来反映他的性格特征、思想品德、内心世界和命运,从而塑造出生动的人物形象来。

在文章中,作者要写的对象会有很多值得表现的地方,而对于留学生常写的不到一千字的小作文来说,要想全面地表现一个人物的各个方面是不太可能的,所以必须要善于抓住人物最突出的特点,寻找最好的切入点来写,这样才能把人物写得生动。

人物形象必须要靠有效的材料来表现,而发生在一个人身上的事情很多,根据什么标准来进行选择呢?主要有以下几个原则:

1. 选择有代表性的事例

这是第一个层次的要求。有代表性的事例指的是最能够表现这个人物的某个特点的典型事例,这样能够突出人物形象,塑造出不同于旁人的有个性特点的人物。

2. 选择新鲜有趣的事例

这是第二个层次的要求。如果有代表性的事例同时又是新鲜而有趣的,当然人物形象会更加生动,文章会更具有吸引力。

3. 选择感人的事例

这是最高层次的要求。如果文章中的事例具有感动人心的力量,那么人物形象也会更加深入人心;同时,文章的内容和主题也会得到进一步深化。

描写人物是记人的记叙文不可缺少的内容。描写人物通常使用的方法有:

1. 外貌描写

也叫"肖像描写",指对人物的容貌、衣着、神情、姿态等外在形态的描写。要从文章的主题和人物的特征出发,有选择、有重点地去写。

2. 行动描写

是指对人物行为和动作的描写。行为和动作是人物思想、感情和性格的最直接、最具体的表现,写好这方面的内容对表现人物能起很大的作用。描写人物行动,一是要细致、生动,二是要运用好关键的动词。

3. 语言描写

是指通过个性化的人物语言来刻画人物的性格特征。语言是表达思想的工具。一个人说话的内容和方式往往体现出他的思想、心理和性格。表现人物语言有独白和对话两种方式。独白就是人物的自言自语,可以反映人物的内心活动;对话就是人物和他人的对答,可以表现人物性格,推动情节发展。

4. 心理描写

指对人物的感受、意志、愿望及心理矛盾等的描写,可以更深层次地挖掘人物内心的思想感情。

(二)例文

例文1

我亲爱的妈妈

我有一个幸福美满的家,有妈妈、哥哥、姐姐、妹妹。我特别爱他们,尤其爱妈妈。我妈妈今年六十五岁。我十一岁的时候爸爸由于得了严重的病去世了。当时我们的家庭很艰难,也就是从那时候开始,只有我妈管我们了。爸爸的早逝和自己的年轻丧偶使妈妈产生了忧伤和孤独的感觉。

我觉得我妈妈一个人带这么多孩子真是太辛苦了!我不知道她为我

们花了多少心血。她劳累了半辈子,直到现在才过上了安闲的日子。她为人爽快,办起事来特别干脆。另外,我最敬佩母亲的是她很有责任感。她对自己的工作一丝不苟,认真负责;同时,对家庭和子女也尽心尽力,是一个真正的慈爱而又贤惠的母亲。

我母亲的性格还有另外一面,就是她很外向和乐观。所以大家都喜欢接近她,而且无论有多么大的问题或困难她都能想办法解决,不会被困难吓倒。也正因为这样,在我们家她是最重要的人,是我们的精神支柱。

最值得一提的还是母亲对孩子的教育和影响。她对我们要求很严格,影响也很大。她非常重视我们的教育,从小对我们的家教就很严。虽然我的外貌不太像她,可是我的大部分才能是她教给我的。她总是鼓励我好好学习,好好工作,对我说:"只要肯努力就能学得会。"她希望我下功夫学出个名堂来。同时,她又是个慈爱的母亲,疼爱和照顾我们,希望家里一切安好如常。她一直努力地供养我们,可她对我们说:"这不是大问题,只要你们有出息,我再苦再累也心甘情愿。"真是可怜天下父母心啊!这也正是我敬佩她的主要原因。

现在我妈妈的生活什么问题都没有了。她住在家乡,跟我妹妹一起生活,我哥哥、姐姐也很关心她,经常去看望她,她的生活很幸福。她一直向往平平安安的生活,她厌倦了高楼,厌倦了车流,也厌倦了紧张的生活,她习惯生活在大自然中,与苍茫的大地和辽阔的田野为伴。

我母亲一直不爱打扮,衣着很朴素。我对她说:"您应该改变一下穿衣服的风格。"我给她买了式样新颖的红色衣服,她穿上以后显得年轻多了。我高兴极了!

我希望大家认真地想一想父母对我们的爱,而且在适当的时候表达一下自己对他们的感谢,给他们一个惊喜,肯定会让他们感动的。

我对母亲始终怀着感恩之心!愿天下所有的妈妈幸福、快乐!

(尹成慧)

小词典

1. 美满　　　　měimǎn　　　　happy
2. 去世　　　　qùshì　　　　　die
3. 艰难　　　　jiānnán　　　　hardship
4. 早逝　　　　zǎoshì　　　　 untimely death
5. 丧偶　　　　sàng'ǒu　　　　bereft of one's spouse
6. 忧伤　　　　yōushāng　　　 sad
7. 半辈子　　　bànbèizi　　　 half a lifetime

8. 安闲	ānxián	go easy
9. 爽快	shuǎngkuài	invigorating; chipper
10. 敬佩	jìngpèi	admire
11. 一丝不苟	yìsī-bùgǒu	punctilious
12. 尽心尽力	jìnxīn jìnlì	try one's best
13. 慈爱	cí'ài	loving and kind
14. 贤惠	xiánhuì	virtuous
15. 外向	wàixiàng	extroversion
16. 支柱	zhīzhù	stanchion; underpinning
17. 外貌	wàimào	appearance
18. 名堂	míngtang	gain
19. 疼爱	téng'ài	love dearly
20. 如常	rúcháng	as usual
21. 供养	gōngyǎng	fend; maintain
22. 出息	chūxi	prospect
23. 心甘情愿	xīngān-qíngyuàn	be most willing to; willing
24. 厌倦	yànjuàn	be sick of; bore; tire
25. 辽阔	liáokuò	boundless
26. 衣着	yīzhuó	dress
27. 新颖	xīnyǐng	novel
28. 感恩	gǎn'ēn	indebted

例文2

我的"侍卫"

奶奶:"他是我最喜爱的孙子!小的时候长得像个女孩子,眼睛大大的,嘴唇又厚又红,多么美呀,简直像一朵花。不瞒你说,那时我特别喜欢给阿新(哥哥的小名)穿裙子。别人看见他也都羡慕我有这么可爱的孙子。现在他长得也不错,成了一个真正的男子汉。我现在很放心的是,他找了一个贤惠的女朋友,虽然不是中国人,但是品德很好,配得上我的阿新!假如他们俩快一点儿结婚就更好了!"

嫂子:"我跟你哥交往了多久了?我想大概七年了吧。遇到他之前我真没想到我这个纯粹的荷兰女孩儿竟然会迷上一个中国人。但也不是怪事,你看他长得那么帅,哈哈!除了你哥的外貌,我也很喜欢他的温柔的性格,无论我怎么麻烦他,他也不会生我的气,反而还会安慰我。不管是在家,还是在办公室,他都让人觉得非常可靠。我只对一件事情不太满意:他不爱吃我做的荷兰饭。一到周末他就找到机会跑到父母家去,说是去孝敬父母,实际上是想去大吃一顿!"

妈妈:"我的三个孩子当中新海是最传统的,他最了解中国人的习惯。他很孝顺,尊重别人,人缘特别好,大家都很喜欢他。连十多年没见面的故乡人都还记得他。他不但外貌很像我,性格也是,不严厉,容易原谅别人,从来不会抱怨。他办一件事情,一定会尽力去做。新海在婴儿时期就特别乖,只有他没有整天哭个不停。想起来真让人怀念……"

弟弟新河:"哥哥比我矮,但是有的时候我有一点儿怕他,他对我十分严肃。不知是因为我们之间的年龄差距有九年,还是因为父母工作忙,反正他很重视对我的培养,特别是教育方面。我们家里人都对数学一窍不通,哥哥也不例外,但他还是辅导我(结果是我更迷惑了)。但是我们兄弟也有我们共同的特长和爱好:每个星期二一起去练习跆拳道!"

该轮到小妹说话了:"我对哥哥的最早,同时也是最深的印象是他常常保护我。如果有人欺负我,他就会来保护我,不让妹妹受任何委曲。后来我交了男朋友,他仍然悄悄地当我的私人侍卫。就像保护我一样,他也保护着我们之间的关系。我们从小到现在很少吵架,不是因为我的脾气好,而是他很有耐心。但这几年我发现哥哥有一点儿顽固,他不能像朋友似的对待我。我知道他不会把原因挂在嘴上,但我听到他在心里说:'因为你永远是我的小妹妹!'"

(王新月)

小词典

1.	侍卫	shìwèi	housecarl; guard
2.	瞒	mán	disguise
3.	品德	pǐndé	moral
4.	配得上	pèideshàng	match
5.	纯粹	chúncuì	pure
6.	迷上	míshang	captivate; enchant
7.	帅	shuài	handsome
8.	温柔	wēnróu	tender
9.	孝敬	xiàojìng	being filial piety
10.	孝顺	xiàoshùn	filial; obedient
11.	人缘	rényuán	relations with people
12.	严厉	yánlì	stern; severe

13. 婴儿	yīng'ér	infant
14. 怀念	huáiniàn	yearn; miss
15. 差距	chājù	disparity; difference
16. 培养	péiyǎng	foster
17. 一窍不通	yíqiào-bùtōng	know nothing about
18. 迷惑	míhuò	puzzle
19. 跆拳道	táiquándào	kickboxing
20. 轮	lún	being one's turn
21. 欺负	qīfu	bully; tease
22. 顽固	wángù	obstinate
23. 挂在嘴上	guà zài zuǐshang	always mention; always say

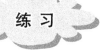

练 习

一、缩写：把下面这篇写人物的文章从500多字缩写成200字左右的短文。

我的叔叔

叔叔去远方天堂的那一年，我还是个小孩子。叔叔的事情我父母没告诉我，他们只是简单地说他去很远很远的地方了。过了几年后，我才知道了真相，我的眼泪在眼圈里打转，我不愿相信这是真的，不愿相信我那善良的叔叔已经离我远去了。满心悲痛的我哭了很长时间。叔叔离开我们已经将近十五年了。说实话，随着时间的流逝，我脑子里对叔叔的印象没有以前那么深了。但我还是常常想起叔叔，每每都会难过得泪如雨下。今年2月份我回韩国去看他，去他的坟上祭扫。叔叔在我心里是一位平和、乐观、充满活力的年轻人。叔叔喜欢笑，笑起来见牙不见眼的样子单纯得像个小孩。他那爽朗的笑声和开怀的笑容，是我永远都难忘的。在我的印象中，叔叔从来没有坐下来正正经经地教育过我，却用他每一天认认真真的生活影响着我。

在我的记忆中，我是在叔叔关爱中长大的，忘不了叔叔背着我去赶集，给我买很多好吃的；也忘不了叔叔说等我长大以后他会教我打篮球。记得最清楚的是叔叔每天带我去游泳时说："作为男子汉每天必须锻炼身体！"从此以后，我每天都锻炼身体。

今天的北京没有一丝阳光，天气寒冷而又阴沉，正如我的心一样凉。叔叔他是那么疼我爱我，可我还没来得及孝敬他，他就去了。我今

> 天要对他说:叔叔,您放心地去吧,您对我的嘱咐我时刻都铭记在心!
>
> （郑承远）

二、记一个你最想写的人(500字左右)。

五、记事的记叙文

(一) 写作指导

记事是记叙文中最常见的内容。这种记叙文以事情的发生、发展为主要线索,写一个完整的过程。通过反映事情的来龙去脉、前因后果,来揭示全文的中心内容,表现事情的现实意义和社会意义。

记人的记叙文与记事的记叙文叙述的重点、目的和写作方法都是不一样的。记人的记叙文是通过一些材料(包括事件)去刻画人物性格,塑造人物形象,通过人物形象来表达主题思想;而记事的记叙文则以叙述事件的过程为主,展示事件的发生、发展、结束,从而表现文章的主题思想。这样的不同决定了它们不同的写作方法:记人的记叙文多采用描写的手法,而记事的记叙文则常常采用叙述的手法。

记事的记叙文按照内容来看一般可以分为两类:单一事件记叙文和复杂事件记叙文。单一事件记叙文人物不多,头绪也比较少,经历的时间比较短,所需要的篇幅也就比较短,是我们在这里练习的重点。

写单一事件的记叙文如何安排文章的内容呢?最常见的是按照时间顺序或空间顺序来安排文章的内容。

1. 按照时间顺序安排文章内容,也可以理解为是一种纵向的排列。有两种情况:一是按时间的自然顺序排列内容,比如早晨、上午、中午、下午、晚上、深夜;春、夏、秋、冬等等;二是根据事情的发展顺序来写,也就是起始、过程、结果。不管哪一种安排方式,条理都会是很清楚的。

2. 按照空间顺序安排文章内容,可以理解为是一种横向的排列。比如上、中、下;左、中、右;前、中、后;里、外、远、近等等。比如写《我的童年》,可以写童年时在家里怎么样、在学校怎么样、在游戏场怎么样、在快餐店怎么样等等。这就是按照空间顺序来安排内容。

写好记事的记叙文应注意的是:

1. 所写的事情要有意义、有价值

单一事件的记叙文篇幅比较短,内容也简单。如果所写的事情没有意义,会对文章的质量产生决定性的影响。

2. 叙述过程要完整,有头有尾

一件事情的发生总是有一个过程的。记叙文要注意把它完整地呈现出来,这是对记事的记叙文的一个基本要求。

3.要把线索和记叙文的几个要素交代清楚

做到了叙事完整后,接着要注意的是要把事件的线索和头绪交代得清楚明白,让读者一目了然;同时,记叙文的几个要素,比如时间、地点、人物、原因、结果等,也必须要让读者有一个明确的认识。

(二)例文

例文1

一件小事

那是去年7月底的一天。首尔的天气十分闷热,在路上到处都可以看到人们在喝冰水,扇扇子。我在首尔书店旁边的麦当劳等朋友,很想就这样坐在有空调的地方泡上半天。翻看参考书的时候,我忽然听见一位老婆婆在旁边的柜台点餐。

"最小的汉堡包,最小的薯条和可乐,还有,再加一个蕃茄酱吧。"人山人海的麦当劳本来是儿童的天堂,很少能看见独自到这里来的老年人。老婆婆的花白头发和破旧的棉背心,在麦当劳的灿烂色彩衬托下,显得越发可怜。估计她是一位流浪的老婆婆吧。没有钱,没有靠得住的孩子,白天在公园游荡,晚上在养老院和别的老人聚在一起,撮一顿免费的便饭。那些有孩子的老年人,有时候恐怕会在孩子家吃闭门羹,抑或受不了媳妇的冷漠,只能在外边买一点儿便宜的小吃。

老婆婆的套餐终于来了。她拿着盘子,走到窗口旁边的位子。瘦小的身躯蜷缩在窗口的椅子上,一口一口地吃着奶酪汉堡包。在我看来,她是那么孤独!我慢慢地向她走去。老婆婆把蕃茄酱挤出来的一刹那,我问她:"奶奶,西餐的味道怎么样?还可以吗?"

老婆婆惊诧地回答:"还可以,我最爱吃的就是麦当劳啊!"

老婆婆喝一口可乐,继续说:"在家里吃饭不外乎泡菜饭、酱汤之类,简直受罪。儿子媳妇都说麦当劳是垃圾食品,他们却常带孙子来吃,从来没带我来过这儿。麦当劳很好吃,哪是什么垃圾食品呢?再说,吃麦当劳便宜极了,确实物美价廉。看到孩子在麦当劳其乐融融地吃汉堡包,也让我不由自主地兴奋和跃跃欲试。这汉堡包,我吃得上瘾了。"

老婆婆咬了一下汉堡包,舔着嘴唇周围的蕃茄酱,脸上堆满了微笑,她那过瘾的样子我永远不会忘记。

(金雅薇)

小词典

1.	闷热	mēnrè	fuggy; muggy; sweltering
2.	扇扇子	shān shànzi	fan
3.	泡	pào	dunk; pickle
4.	参考	cānkǎo	consult; reference
5.	柜台	guìtái	counter
6.	薯条	shǔtiáo	potato crisp
7.	番茄酱	fānqiéjiàng	tomato ketchup
8.	人山人海	rénshān-rénhǎi	huge crowd of people
9.	天堂	tiāntáng	heaven
10.	花白	huābái	grizzled
11.	破旧	pòjiù	ropey
12.	棉背心	miánbèixīn	cotton vest
13.	衬托	chèntuō	serve as a foil to
14.	越发	yuèfā	more
15.	靠得住	kàodezhù	credible; reliable
16.	游荡	yóudàng	wander; louse around
17.	养老院	yǎnglǎoyuàn	beadhouse; rest home
18.	撮	cuō	twine; twist up
19.	吃闭门羹	chī bìméngēng	be refused
20.	抑或	yìhuò	or
21.	媳妇	xífù	wife
22.	冷漠	lěngmò	distant; listless; offish
23.	身躯	shēnqū	body
24.	蜷缩	quánsuō	crouch
25.	一刹那	yíchà'nà	in a very short time; in the twinkling of an eye
26.	惊诧	jīngchà	amazed; surprised
27.	不外乎	búwàihū	nothing... but
28.	受罪	shòu zuì	endure hardships; have a hard time
29.	物美价廉	wùměi-jiàlián	inexpensive
30.	其乐融融	qílè-róngróng	enjoyable
31.	不由自主	bùyóuzìzhǔ	can't help; involuntarily
32.	跃跃欲试	yuèyuè-yùshì	itch to try
33.	上瘾	shàng yǐn	addictive
34.	舔	tiǎn	lick

例文2

第一次游泳

夏天的天气闷热得要命,一丝风也没有,稠乎乎的空气好像凝住了,天气热得叫人坐立不安。但是,我留恋夏天,因为我在夏天的时候学会了游泳。从那时候起游泳成为我最喜欢的运动。

一天,我看见妈妈带着游泳衣去游泳,心里痒痒,要她带我一块儿去。

第二天下午,我在妈妈的带领下来到游泳场。我觉得游泳场好大呀!这个游泳场有两个游泳池,游泳池壁都贴着花纹美丽的马赛克,每边有三个跳台。当时,已有不少大人、小孩儿在池中游泳了。

我妈妈像一个很有经验的教练,教我做准备活动,然后,让我在跳台前站稳,对我说:"学游泳要从跳水开始,捏着鼻子往下跳!"我向下一看,很害怕,怎么也不肯。这时,一个五六岁的小女孩正在跳水,小女孩的爸爸一喊"跳",小女孩就"扑通"一声跳下了水。那时候我已经八岁了。我妈妈看了一眼,说:"你看人家比你小,都敢跳,难道你不如她吗?"我心里想:不能让妈妈把我看扁了,一定要鼓起勇气搏一搏。我站在跳台上,捏着鼻子,闭起眼睛"扑通"一声跳了下去。我喝了几口水,总算闯过了第一关。我又上了跳台,一次、两次、三次……一遍一遍地练习跳水,终于学会了跳水。

接着,我便下水开始憋气。妈妈做示范,先捏住鼻子,深呼吸,潜入水下;然后嘴里慢慢吐气,憋了一分多钟。妈妈对我说:"别急嘛,慢慢来。说不定你以后憋的时间比我还长呢!"我暗暗下了决心,决定向30秒钟努力。经过数次的锻炼,我终于突破了30秒。这时,妈妈说:"现在我可以教你游泳了。"

她托着我的身子让我慢慢划。渐渐地,我可以离开她的手独自划动了。我从游泳池的一边划到另一边。虽然姿势不优美,但是我学会了游泳的基本姿势……

那些天是我最快乐的日子,因为我学会了游泳。

现在我已经长大了,也学会了各种各样的泳姿,有空儿的时候,我就会去游泳或打网球。

我觉得在我们的生活里,运动是很重要的一件事情。运动的时候每个人都会感到疲劳,但对我来说,这不是一般的疲劳,这是快乐的疲劳。每个人应该找到自己最喜欢的运动,只有找到的人才能叫幸福的人。

(奥尔佳)

📖 小词典

1. 要命	yào mìng	very; frigging
2. 稠乎乎	chóuhūhū	stiff
3. 凝	níng	coagulate; congeal
4. 坐立不安	zuòlìbù'ān	fidge; fidget; have ants in one's pants
5. 留恋	liúliàn	be reluctant to leave
6. 心里痒痒	xīnlǐ yǎngyang	be ready to try
7. 花纹	huāwén	flower pattern
8. 马赛克	mǎsàikè	mosaic
9. 跳台	tiàotái	platform
10. 捏	niē	nip; pinch
11. 扑通	pūtōng	bumpily
12. 看扁	kànbiǎn	despise; look down on
13. 鼓	gǔ	arouse
14. 搏	bó	combat; fight
15. 总算	zǒngsuàn	finally
16. 憋气	biē qì	choke with resentment
17. 示范	shìfàn	demonstrate
18. 深呼吸	shēnhūxī	deep breathing
19. 潜入	qiánrù	dive
20. 吐气	tǔ qì	breathe out
21. 暗暗	àn'àn	secretly
22. 数次	shùcì	many times
23. 突破	tūpò	break
24. 姿势	zīshì	posture
25. 泳姿	yǒngzī	the posture of swimming

一、听后写:学生不看书,再听老师讲一遍例文《一件小事》的内容,然后把这件事情的主要内容用300字写下来。

二、看图写:仔细看下面的几幅图所表现的内容,并用400字把它写出来。
　　题目:"马不停蹄"。

三、记一件让你难忘的事情(500字左右)。

六、游记

(一) 写作指导

这也是一种常见的记叙文,就是记叙旅游的经历、见闻和感受。一般来说,写这种文章可以从以下几个角度来考虑:

1. 沿途所见的山川景物、自然风光、名胜古迹等自然或人文景观;
2. 旅游地的风土人情、社会生活、奇闻轶事、地域和民族特色等;
3. 在旅游途中遇到的人或事;
4. 旅游所带来的快乐、知识、感悟、思考等思想感情。

一篇好的游记,应该既有生动形象的景物描写,能让读者有身临其境的感觉;也要具有知识性,对读者起到开阔眼界、增加知识的作用;同时,还要融入作者的思想感情,并以此去吸引和感染读者。写作这类文章时可以从这样几个方面去注意:

1. 仔细观察,掌握最真实、最生动的第一手材料

在旅行过程中,要做有心人,随时随地进行细致的观察,并且把观察得来的材料用各种形式记录下来,这样才能保证写作时有鲜活的第一手材料。

2.层次清楚、主次分明地写出景物的特点

每一处的景物都有自己的特色,好的游记要表现这种特色。要做到层次清楚,在写作时就要按照一定的顺序来写;这个顺序可以是时间顺序,也可以是空间顺序。而所谓主次分明,指的是在一篇短文中,很难容纳一个景区的全貌,要善于抓住最让自己动心的点去作具体的描写,其他的内容则可以略写。

3.灵活运用景物描写的方法

景物描写应该是游记使用得最多的表现手法,同时,也可以根据表现内容的需要搭配使用其他的一些写作手法,比如叙述、场面描写、语言描写、心理描写等,能够使文章的内容更加丰富多彩。

4.既写景又不局限于写景,赋予文章更丰富的内涵

游记的内容是以写景为主,但也不能仅仅局限在写景上,应该把作者的感情融入景物当中,这样会使文章具有更加丰富的内涵,也更加具有感人的力量。

(二)例文

例文1

第一次自驾游

19岁的时候,我取得了驾驶执照。在努力学习了一个学期之后,大一放暑假的时候,我跟朋友们一起去海边。我借来汽车,独立开着上了路。这次旅游对我来说不但是第一次长途行车,而且是第一次跟朋友们一起去海边。所以,我绝对忘不了。

7月里,因为是旅游旺季,所以堵车堵得很厉害。可是,大家都心平气和,愉快地向着海边进发。快到了!我们远远地看到美丽的大海就喊叫起来。夏天海边的味道让我们陶醉。在来这儿以前我们还真不知道海边的清新的空气是那么让人心旷神怡。

几分钟以后,我们就到了海边。刚一下车,我们就跑过去踏入海水中。当我的脚接触到海水的时候,心情非常舒畅,好像所有的压力都释放出来了。

喜悦的心情稳定下来以后,我们都去换上了泳装,又向海边奔去。因为是旅游旺季,人很多,好像蜂群一样。不过我们不管这些。天空上飘着白云,海水在阳光照射下闪着金光,真好像一幅画一样。我跃入海中,跟朋友一起游泳。游了一会儿,又来到沙滩上,躺在遮阳伞下面往身上盖着细沙。我没去过天堂,可是,那时的感觉就像在天堂一样。现在想起来我仍然会高兴得眉开眼笑。

太阳低垂时,我们回去梳头,换洗,然后又走到外面,我们一边说笑,一边吃着美味的烧烤。

当在黑黑的天空中可以看到几颗闪烁的星星时,我们又来到外面。已经有很多人出来了。有的情侣坐在沙滩上,亲亲热热地说笑,还有的男孩儿在波峰浪尖上嬉戏。我和朋友们还燃放了带来的爆竹,玩得开心极了。

爆竹放完后,我们在沙滩上坐了下来,一边喝酒,一边聊天,觉得平时从来没有经历过这样美好的时光。我们的前面是跟风一起跳舞的夏天的海滩,后面是光怪陆离的霓虹灯,潮声在耳旁回响。如果不是在夏天海边的话,我可能感受不到这样的美景。我们坐在沙滩上,觉得这里比装修豪华的饭店更好。

第二天,我们就回首尔了。虽然我们的身体离开了海边,可是脑子里却留下了忘不了的记忆。

(严知娟)

小词典

1.	自驾游	zìjiàyóu	travel by self-driving
2.	驾驶	jiàshǐ	drive
3.	执照	zhízhào	licence
4.	行车	xíngchē	guide a car
5.	旺季	wàngjì	midseason
6.	堵车	dǔ chē	jam
7.	心平气和	xīnpíng-qìhé	heartsease
8.	进发	jìnfā	set out; start
9.	远远	yuǎnyuǎn	out and away
10.	清新	qīngxīn	fresh
11.	心旷神怡	xīnkuàng-shényí	relaxed and happy
12.	踏入	tàrù	set foot on
13.	舒畅	shūchàng	free from worry
14.	释放	shìfàng	release; set free
15.	喜悦	xǐyuè	charmed; jubilant
16.	泳装	yǒngzhuāng	swimwear
17.	奔	bèn	run; scamper
18.	蜂群	fēngqún	swarm
19.	照射	zhàoshè	irradiate
20.	跃入	yuèrù	spring into

21. 遮阳伞	zhēyángsǎn	beach umbrella; sunshade
22. 细沙	xìshā	silver sand
23. 眉开眼笑	méikāi-yǎnxiào	joyful
24. 低垂	dīchuí	droop
25. 梳头	shū tóu	do up one's hair
26. 美味	měiwèi	dainty; daintiness; relish
27. 烧烤	shāokǎo	barbecue
28. 闪烁	shǎnshuò	flicker; glint
29. 情侣	qínglǚ	couple
30. 沙滩	shātān	sand beach; sand
31. 亲亲热热	qīnqīnrèrè	affectionate; intimate
32. 波峰浪尖	bōfēng-làngjiān	the summit of the wave
33. 嬉戏	xīxì	curvet; frolic
34. 燃放	ránfàng	set off
35. 爆竹	bàozhú	cracke; firecracker
36. 光怪陆离	guāngguài-lùlí	bizarre and motley; grotesque and gaudy
37. 霓虹灯	níhóngdēng	neon light; neon sign
38. 潮声	cháoshēng	sound of tide
39. 回响	huíxiǎng	reecho; resound; reverberate
40. 豪华	háohuá	luxury; splendid

例文 2

难忘的回忆

今年夏天我恰好有机会去中国迷人的南方探险。现在,不管中国人的看法怎么样,外国人还是觉得北方的城市象征中国的现代文明,因为近代以来中国最重要的事件大部分都发生在北京,而北京又是中国的政治中心,因此北京吸引我的是它的政治和历史。但是我一到四川和云南就发现,这两个地方自有它们使人陶醉的魅力。这里的风景非常优美,还有许多民族和各自不同的文化,都值得一看,尤其是有两个特别的地方给我留下了深刻的印象。

虽然九寨沟自然保护区里面有无数的游客,但是那儿的湖泊和瀑布依然十分美丽。我坚信九寨沟的湖泊是世界上最清澈的水域之一,水下的鱼好像是在天空中飞翔一样。九寨沟最大的瀑布发出的声音就好像是一万个士兵在异口同声地呐喊着。周围的水域也特别有意思。如果你在九寨沟的中心区转一圈，就会看到到处都是艳丽的花朵，周围有壮观的山峰。一般来说，我对风景没有什么兴趣，但是九寨沟的风光让我产生非常神秘的感觉。我觉得它可以说得上是中国的一个国宝了。

还有一个地方叫中甸，是给我印象最深的第二个地方。它地处一个隐秘的小山谷中，离西藏很近，所以受西藏的影响很明显。所有的马路旁边都有卖牦牛肉的，建筑物上也挂着五颜六色的旗子。给我印象最深的是中甸的居民们，我跟我所住旅馆的老板一起喝着当地的啤酒，一直聊到第二天早晨；还有一个人告诉我他明年的打算，他说他要跟朋友们一起开着吉普车从云南到北京去；另外还有人要求我去他家教他英语。在中甸外面的一个山坡上，有一座这个地区最有名的庙宇。庙宇的屋顶是金黄色的，所以白天的时候屋顶会在太阳的光线下闪烁，屋顶上搭建了木头的露台。这里有一个习俗：参观庙宇的游客要在屋顶上的木头露台上刻下他们的愿望。我当然也不例外，我正在等待着实现自己愿望的那一天。

（叶玲慧）

小词典

1.	难忘	nánwàng	indelible; memorable
2.	恰好	qiàhǎo	just
3.	迷人	mírén	attractive; charming
4.	探险	tànxiǎn	explore
5.	象征	xiàngzhēng	symbolize; emblematize
6.	近代	jìndài	latter-day; neoteric
7.	魅力	mèilì	charm; enchantment
8.	游客	yóukè	tourist; visitor
9.	瀑布	pùbù	chute; fall
10.	依然	yīrán	none the less; still
11.	坚信	jiānxìn	firmly believe
12.	水域	shuǐyù	water area
13.	飞翔	fēixiáng	fly; (v.) wing
14.	异口同声	yìkǒu-tóngshēng	all with one voice
15.	呐喊	nàhǎn	battle cry; whoop
16.	艳丽	yànlì	flamboyant
17.	花朵	huāduǒ	flower
18.	壮观	zhuàngguān	pageantry; spectacular; grand

19. 山峰	shānfēng	summit of mountain
20. 风光	fēngguāng	scene
21. 神秘	shénmì	mysterious; unsearchable
22. 国宝	guóbǎo	national treasure
23. 地处	dìchǔ	locate
24. 隐秘	yǐnmì	covert; secret
25. 山谷	shāngǔ	hollow; valley
26. 牦牛	máoniú	yak
27. 五颜六色	wǔyán-liùsè	motley
28. 居民	jūmín	denizen; inhabitant
29. 吉普车	jípǔchē	jeep
30. 山坡	shānpō	brae; sidehill
31. 庙宇	miàoyǔ	temple
32. 屋顶	wūdǐng	housetop; roof; rooftree
33. 金黄色	jīnhuángsè	golden
34. 搭建	dājiàn	build
35. 露台	lùtái	gazebo
36. 习俗	xísú	convention; consuetude

练 习

一、观后写。看一段介绍著名风景区的视频,看完后讨论:

　　1. 视频中的风景有什么特点?
　　2. 有什么词语可以形容这样的风景?
　　3. 看了这个风景你有什么感受?

根据讨论的内容,写成300字左右的短文。

二、命题作文:一次难忘的旅行(500字左右)。

褒义词与贬义词

写作能够表达作者的喜怒哀乐以及赞许或者反对的态度,而表现这些感情最重要的手段之一就是选择合适的词语。汉语中的褒义词和贬义词本身带有感情色彩,能够反映作者的情感。本书介绍一些褒义词与贬义词以及写作中褒义词与贬义词的运用(对于不带感情色彩的"中性词",本书暂不作介绍)。

一、什么是褒义词?

带有肯定意味的词,我们称之为"褒义词"。如一些带"红"字的词语多带有褒义,如"红火、红运、走红、红榜"。下面这些词都是褒义词:

榜样	表扬	诚实	诚恳	纯洁	慈祥	聪明	大方
端正	独特	发达	干净	光荣	高尚	和善	节约
精彩	可爱	机灵	开朗	美好	漂亮	勤奋	勤劳
热情	善良	圣洁	伟大	喜爱	幸福	勇敢	拥戴
友好	赞扬	瞻仰	珍视	祖国			
百折不挠		发扬光大		光明磊落		坚韧不拔	锦上添花
鞠躬尽瘁		举案齐眉		舍己为人		肃然起敬	万事如意
万紫千红		无微不至		一帆风顺			

二、什么是贬义词?

带有否定意味的词,我们称之为"贬义词"。如一些带"黑"字的词语多带有贬义,如"黑暗、黑市、黑锅、黑心肠、黑店、黑不溜秋、黑帮"。下面这些词都是贬义词:

笨	剥削	残酷	吹捧	粗心	粗鲁	丑恶	勾结
鼓吹	固执	胡说	狠毒	嫉妒	狡猾	浪费	迷信
渺小	懦弱	叛徒	武断	龌龊	下流	小气	献媚
虚伪	阴险	愚昧					

草菅人命　　趁火打劫　　狼狈为奸　　临阵脱逃　　气急败坏
穷凶极恶　　贪生怕死　　自私自利　　自以为是

三、写作中褒义词、贬义词的运用

1.写作时描写同一情景,说话人的感情色彩不同,所选取的词汇也不同。下列每对词语基本意义一样,但是褒贬色彩是对立的。比如"团结"与"勾结"都有结合的意思,但是"团结"是褒义,是为了实现共同理想而结合,"勾结"是贬义,指为了进行不正当的活动而结合。下列词语前者为褒义词或中性词,后者为贬义词。

创造——杜撰　　谴责——诽谤　　团结——勾结　　顽强——顽固
喜爱——溺爱　　赞美——奉承　　占领——霸占

2.将同一色彩的词语集中使用或者将褒义词与贬义词对照使用,会增强感情效果。下面的例子中使用了大量的褒义词,表现出作者对妹妹的喜爱与赞美。

我的妹妹长得非常漂亮,大大的眼睛,黑黑的头发。她的脸上总是带着迷人的微笑,她说话的声音柔美动听。她性格活泼,为人热情,善于言谈。你见到她的第一面,就一定会被她吸引住。

在下面这个例子中,褒义词"舍己为人""英雄"与贬义词"贪生怕死""小人"形成对比,感情色彩强烈。

在这次地震中,涌现出了无数个舍己为人的英雄,他们不惜冒着生命危险帮助别人,而那些贪生怕死的小人却第一个逃离了现场。

3.语言中的大部分词,孤立地看没有褒义或贬义,但是在一定的语言环境中,却临时带有一定的感情色彩。"大"和"小"本来没有感情色彩,但是在下例中,"大"是褒义词,有"伟大、高大"的意思,而"小"是贬义词,有"渺小"的意思。鲁迅先生要赞美的是车夫的高尚精神,批评的是自己的自私心理。

我这时突然感到一种异样的感觉,觉得他满身灰尘的后影,刹时高大了,而且愈走愈大,须仰视才见。而且他对于我,渐渐的又几乎变成一种威压,甚而至于要榨出皮袍下面藏着的"小"来。(鲁迅《一件小事》)

4.在特定的语境下,为了表达的需要,也可以褒义词贬用,贬义词褒用。这样,使语言具有更强的表现力。例如:

(1)我忽然喜欢上这个傻乎乎的小伙子了,他诚实可靠,重视友情。

（2）我的女儿偷偷地把要送给我的礼物藏在身后，小眼睛狡猾地看着我。

（1）中的"傻乎乎"本来是贬义，而在该语境中有"淳朴"的意思；（2）中"狡猾"的使用反映了小孩子的顽皮与可爱。

第四部分

说明文(上)

说明文写作知识（上）

> **学习要点提示：**
> 1. 什么是说明文？
> 2. 常见的说明文分哪几类？各包括哪些内容？
> 3. 常见的说明文有哪些写作特点？
> 4. 怎样写说明文？

一、什么是说明文？

说明文是以客观说明为主要表达形式的一种实用性很强的文体。通过对事物、事理或者程序、方法的具体说明，使人获得某一科学知识，正确认识事物或事理，了解事物的特征、本质、规律以及形成过程。

二、说明文的分类

常见的说明文主要分为事物类说明文、事理类说明文和程序方法类说明文。

事物类说明文的说明对象一般是具体事物，如动物、植物、建筑物、商品、节日、运动等等，通过对其形貌、构造、性质、特征、功用等进行客观、详细地说明，使读者了解这类事物或现象。

事理类说明文是通过对抽象事物的介绍，阐明某一事理，如对某一概念的认识、对某一规律的阐述等。其特点是通过对抽象事物的本质、成因、关系、内部规律、科学原理等方面的说明，使读者了解某种道理。

程序方法类说明文是详细介绍某一事物的制作过程和方法，如怎样养殖动植物、食品制作等等。有人也把这类说明文归为事理类说明文。

三、说明文的写作特点

（一）内容的客观性

说明文的一个主要特点是内容的客观性。说明文的写作目的是向人们介绍某种科学知识或思想认识。因此写作时一定要根据可靠的资料客观地描述，即使是说明事理，谈及有争议的论点，也要客观地加以介绍，一般不能夹杂个人的感情色彩及思想倾向。

（二）知识的科学性

说明文是通过对事物或事理的说明使人了解某种科学知识或思想认识,因此,说明文应当确保所陈述的事实或事理的准确性和科学性,避免文中知识性或认识上的错误误导读者。

（三）行文的条理性

写一篇说明文要做到层次分明,条理清楚,体现事物的内在联系,符合事物发展的一般顺序和规律。在说明文中,可以采用时间顺序来说明事物的发展变化或工作流程;也可以采用空间顺序,如从上到下、从左到右、从内到外等等,来说明事物的结构与组成;或者采用逻辑顺序,如从总到分、从具体到抽象、从原因到结果等等,说明事物的内在或外在联系,使说明的事物的特点一目了然。

（四）语言的准确性

说明文对科学知识或思想认识的介绍是通过语言实现的,说明文的语言要科学准确、通俗易懂、简单明了、生动具体。其中,语言的科学准确占有相当重要的地位。无论是表示时间、空间、数量、范围,还是表示程度、特征、性质、制作方法等,都要求在语言的表述上准确无误。

四、说明文的写作步骤及常用写作方法

说明文的写作步骤主要有:

1. 在开始写作前,要了解读者对象的身份,以此来确定和调整说明的不同角度及深度。

2. 写作前,将所搜集的材料归纳整理,排列出前后顺序,即先写什么,后写什么。

3. 写作时,抓住事物或事理的主要特征,特别是要抓住能给人深刻印象、与众不同之处做文章,不要面面俱到。

4. 根据说明对象和写作目的,选用恰当的说明方法。

说明文常见的写作方法有:

（1）定义法

定义法多用于科技说明文。定义法是用简明而精确的语言,对所说明的事物或事理给出科学的定义。定义要能够揭示事物或事理的本质特征,能够使读者对被说明的事物、事理有明确的认识,能够把这一事物或事理和其他事物或事理区别开来。

在给某一事物或事理下定义的时候,可以根据说明的目的和需要,从不同的角度考虑。可以说明其特性,也可以说明其作用,或者二者兼顾。

定义法通常采用判断句式,如"是"字句。

(2) 诠释法

诠释法是对说明的事物或者事理的某些特点作一些解释。诠释法与定义法相近,区别在于诠释法不像定义法那样完全使用书面语,严格地做一些概念化的说明。诠释法可以采用一些接近口语的说明方法,通俗地、细致地解释或解说某一事物或事理,语气也比较随和。

(3) 例证法

例证法是通过具体的事例来说明事物的特征或者事理的本质和规律,使所要说明的事物或事理具体化,便于读者理解说明文的内容。例证法所举的例子,必须有代表性、典型性,能体现事物或事理的本质特征。

(4) 分类法

分类法是根据事物的形状、性质、成因、功用等方面的异同,把事物按一定的标准分成若干类,然后逐类加以说明;或者为了把事理的本质、特征说清楚而分成几点或几个方面来进行说明。

分类法的作用一是它的条理性,帮助读者全面了解所说明的内容,从而把复杂的事物清楚地介绍给读者;二是它的全面性,使人对说明的内容有一个完整的印象。

在运用分类法的时候,要注意分类标准的同一性,一次分类只能用同一个标准,以免产生重叠交叉的现象。

(5) 数据法

数据法是以列出数据的形式说明事物或事理的特征。列数据,是为了使所说明的内容更加具体化,以便读者理解。列出的数据一定要注意准确无误,最好查找原始出处核对清楚再使用。

除以上方法外,常见的说明文写作方法还有描述法、比喻法、比较法、引证法、图示法等等,我们将在下册予以详细说明。

需要说明的是,在说明文的写作中,我们很少单独采用上述几种方法中的某一种,而是综合使用不同的写作方法。采用什么说明方法,一是要服从内容的需要,二是作者的自由选择。

另外,说明文中常用的方法在议论文中也经常使用,不同的是:议论文使用上述方法,是用来证明某一观点;而说明文则是介绍知识的需要。

说明文写作训练(上)

> **学习要点提示：**
> 1. 了解生活小常识所包括的内容及写作方法。
> 2. 植物类说明文所包括的范围及写作方法。
> 3. 如何写作介绍某种活动的说明文？
> 4. 写作食品制作过程的说明文应该注意哪些问题？
> 5. 如何写作事理类说明文？

一、生活小常识

（一）写作指导

生活小常识的写作属于事物类说明文，它的实用性很强，我们在广播里、电视中、报纸上，常常会看到这方面的文章。

生活小常识主要包括以下内容：

1. 日常生活的必要知识，如买食品要注意看保质期、过马路要走人行横道、过年要向亲友拜年慰问等。

2. 健康及医药知识，健康知识包括吃饭以后不要做剧烈活动、饭前便后要洗手、早吃好、午吃饱、晚吃少等。除此之外，在生活中，头疼脑热的小病时常发生，我们不会有一点儿小病就跑医院，家里一般都有生活常备药，略有医药常识的人往往会根据自己的病情及时调整或服药。

3. 生活用品的使用，如家用电器、照相器材的使用等以及家电的维护、维修等等。

4. 日常生活中的窍门儿，如怎样买到物美价廉的东西，如何挑选家具，牙膏的其他作用等。

5. 生活习惯与习俗，当我们去一个陌生的国家或地区，要了解当地的生活习惯与风俗，做到入乡随俗，不要因为生活习惯的不同而造成不必要的麻烦。

在进行生活小常识的说明文写作时，通常采用开门见山的写法，直接进入所要介绍的内容。这类说明文多采用以下写作方法：

（1）分类法

将所要说明的内容按照一定的类别排列，使自己的说明清楚、明了，有条理性。

（2）描述法

仔细地描述所要说明的内容,让读者对此有一个清晰的印象。

（3）例证法

用具体的例子解释所说明的内容。

(二) 例文

例文1

牙膏的妙用

提起牙膏,人们都知道它有清洁牙齿、防治牙病的作用。其实牙膏除了上述作用以外,还有许多可能是你意想不到的功能。

1. 人们在洗衣服的时候,常常为衣领、袖口等处的汗渍不易洗净而发愁,只要在上面抹上一些牙膏,用手揉搓,汗渍就可以除掉。

2. 皮肤被蚊虫叮咬后,患处疼痛难忍,可以用牙膏擦抹患处,再按摩3~5分钟,就能起到止痒、止痛的作用。

3. 旅途中如果发生头晕、头痛的现象时,在太阳穴上涂上少量的牙膏,可以起到镇痛、醒脑的作用。

4. 烹调后,手上沾了食用油不容易洗净,或者残留有鱼肉的腥味无法去除,不妨在手上挤点儿牙膏搓洗,便能把手洗干净。

5. 玻璃制品如眼镜、手表的表蒙、镜子等有了污渍,用细布沾上牙膏轻轻擦拭,可以恢复它的光亮,去除污渍。

6. 夏天洗澡时用牙膏代替浴皂搓身,既有明显的洁肤功能,还能使浴后浑身凉爽,有预防痱子的作用。如果身上起了痱子,在洗澡时,可在湿毛巾上涂上少量的牙膏,在起痱子处揉5~10分钟,就可达到一定的治疗效果。

以上方法你试过了吗?很管用的。

小词典

1. 功能	gōngnéng	function
2. 汗渍	hànzì	sweat stain
3. 揉搓	róucuō	knead
4. 叮咬	dīngyǎo	bite
5. 患处	huànchù	affected part
6. 擦抹	cāmǒ	smear

7. 按摩	ànmó	massage
8. 止痒	zhǐ yǎng	relieve itch
9. 止痛	zhǐ tòng	relieve pain
10. 太阳穴	tàiyángxué	temple
11. 镇痛	zhèntòng	ease pain
12. 醒脑	xǐng nǎo	sober up
13. 烹调	pēngtiáo	cook
14. 腥味	xīngwèi	fishy smell
15. 污渍	wūzì	stain
16. 痱子	fèizi	heat rash

例文2

家庭安全用药常识

许多家庭都备有日常用药，遇上自己比较了解的小病小伤，一般不去医院，自己在家中用药就可以解决问题。不过，在家中自己用药一定要注意以下几点，才能够保证用药安全有效：

1. 防止滥用药物。有些人在用药时，不管服药的是老人还是儿童，不管病情是否严重，找出药来，随便让病人服用。这种做法由于不能对症下药，对患者来说也许是无效的，也许是错误用药，会耽误甚至加重病情。

2. 尽量减少联合用药。有些药物一起使用可以提高疗效，而有些药物一起使用时会降低疗效，甚至产生毒性。因此，家庭用药最好不要同时服用几种药物。

3. 防止药物过敏。凡是过敏体质者，或者曾有对某种药物过敏者，服用药物都应格外小心，以免因药物过敏对身体造成伤害。

4. 家中自己用药时，一定要仔细阅读药品说明书，特别是说明书上的注意事项，比如药品的副作用等，保证安全用药。

5. 注意有效期，过期药品请不要服用。

小词典

1. 防止	fángzhǐ	prevent
2. 滥用	lànyòng	abuse
3. 对症下药	duìzhèng-xiàyào	suit the remedy to the case
4. 患者	huànzhě	sufferer

5. 疗效	liáoxiào	curative effect
6. 毒性	dúxìng	toxicity
7. 过敏	guòmǐn	allergy
8. 体质	tǐzhì	physique
9. 副作用	fùzuòyòng	side effect

一、根据你的生活经验,选用下面句子中的内容,写一篇以"苹果的作用"为题的说明文(300字以上)。

1. 苹果的营养很丰富。
2. 常吃苹果能增强记忆力,对孩子还有促进发育的作用。
3. 苹果几乎不含蛋白质,提供的卡路里很少,而且它含有丰富的苹果酸,能使积蓄在体内的脂肪有效分散,从而防止体态过胖。
4. 苹果含丰富的纤维素,其中的细纤维可以清除牙齿间的污垢,美白牙齿。
5. 苹果中含有大量的维生素C,常吃苹果可帮助消除皮肤雀斑、黑斑,保持皮肤细嫩红润。

二、分组讨论。

介绍你知道的一个生活小常识。

三、按以下步骤,写一篇介绍生活小常识的说明文(400字)。

1. 拟定题目。
2. 写出提纲。
3. 完成说明文的写作。

二、国人喜爱的树与花

(一)写作指导

这是介绍植物的事物类说明文。许多国家的人民都有自己喜爱的树与花,分别称为国树和国花。在进行这类说明文写作的时候,可以从以下几个方面入手:

(1)外貌描写,包括形状、颜色等;
(2)生长特点,包括生长地点、生长季节、生存条件等;

（3）种植和养护方法；

（4）价值和用途，包括食用价值、药用价值、观赏价值等；

（5）在植物身上体现出来的风格及其象征意义。

在写作这类说明文的时候，要注意客观描写，不要过多加入个人的感情色彩，否则就与记叙文混淆了。此外，写作要有条理，一般采用从外在形貌到内在风格的顺序写法。

这类说明文的写作，多采用以下方法：

1. 描述法

仔细描述植物的外在形貌。

2. 比较法

通过与其他植物的比较，体现所介绍植物的与众不同之处。

3. 比喻法

通过适当的比喻，加强读者对所介绍植物的形象感。

4. 引证法

引用他人对所介绍植物的评论与赞美。

（二）例文

例文1

松　树

在中国，若要问人们最喜欢什么树，相信大多数人的回答是松树。

松树是一种常绿树，种类繁多，分布范围很广，遍布中国各地。常见的有马尾松、油松、落叶松等，而白皮松、雪松、金钱松等都是著名的园林绿化树。

松树大多是高大的乔木，也有少量为灌木。树皮多为鳞片状，叶子呈针形或圆锥形。松树的抗旱性强，可以生长在多石的、土层浅薄的干旱环境中，能忍耐干旱而不受伤害。

松树具有很高的实用价值。松树的木材可以用来做电线杆、枕木、桥梁、家具等，也可以用作造纸的原料。采割松树的树干可以得到树脂，经加工后提取松香和松节油。松香可用于油漆、肥皂、造纸等工业，松节油在医疗方面有一定的药物作用。一些松树的种子可以榨油和食用，也可入药。

许多种类的松树有较高的寿命：北京北海公园团城上承光殿东侧有棵油松，已有800多岁；而广西壮族自治区贵县南山寺殿后洞峭壁上有一棵古松,树龄已达3000年,被认为是中国目前发现的最古老的一棵松树,人们称之为"不老松"。

松树除经济用途外,由于其树体高大雄伟,苍劲挺拔,还具有重要的观赏价值,它是中国很多风景区的重要景观成分。山东泰山、江西庐山都以松树景色而驰名。安徽的黄山,松、云、石号称"三绝",而以松为首。

中国人民把松树作为坚定、贞洁、长寿的象征。松、竹、梅世称"岁寒三友",比喻不畏逆境、战胜困难的坚韧精神。

小词典

1.	繁多	fánduō	various
2.	分布	fēnbù	distribute
3.	乔木	qiáomù	arbor
4.	灌木	guànmù	frutex
5.	鳞片	línpiàn	squama
6.	状	zhuàng	shape
7.	呈	chéng	show
8.	圆锥	yuánzhuī	taper
9.	干旱	gānhàn	drought
10.	价值	jiàzhí	value
11.	枕木	zhěnmù	crosstie
12.	桥梁	qiáoliáng	bridge
13.	原料	yuánliào	raw material
14.	采割	cǎigē	tap
15.	树脂	shùzhī	resin
16.	提取	tíqǔ	distill
17.	松香	sōngxiāng	colophony
18.	松节油	sōngjiéyóu	oil of turpentine
19.	油漆	yóuqī	oil paint
20.	榨油	zhàyóu	extract oil
21.	苍劲	cāngjìn	old and hardy
22.	挺拔	tǐngbá	tall and straight
23.	观赏	guānshǎng	view and admire
24.	驰名	chímíng	famous
25.	逆境	nìjìng	adversity
26.	坚韧	jiānrèn	tenacious

例文2

梅 花

什么花能够成为中国的国花?人们的说法不一。有人说应该是雍容华贵、代表繁荣富贵的牡丹花,有人说应该是独立寒秋、代表不畏险恶环境独自开放的梅花,也有人觉得二者皆难割舍,最好采用牡丹、梅花"双国花"。由此可见梅花在国人心中的位置。

梅花原产中国,属蔷薇科的落叶小乔木,树高5至10米,小枝呈绿色,叶为卵形或圆卵形。原种梅花呈淡粉红或白色,栽培品种则有紫、红、淡黄等各种花色。梅花花开五瓣,香色俱佳。它的品种繁多,达几百种。

梅花属于长寿花卉,生命力极强,即使在家中盆栽,也可养到十年以上。湖北黄梅县有一株一千六百多岁的晋朝所植梅花,至今仍吐芬芳。

梅花可以成片栽植,也可作为盆景,用以美化庭院等环境。梅花的花、根可以入药,药用价值很广。

梅花是一种极具观赏价值的植物。它不畏寒冷,多于冬末春初时节开花,是冬春之季观赏的重要花卉。寒冬时节,百花凋谢,唯有梅花怒放。那傲霜斗雪的姿态,给游人增添不少情趣。在中国,有很多闻名中外的赏梅胜地。

正是由于梅花迎雪吐艳,凌寒飘香,象征坚韧不拔、不屈不挠的精神品质,几千年来,人们对梅花深爱有加。在中国的文学艺术史上,梅诗、梅画数量之多,足以令任何一种花卉都望尘莫及。梅花已经成为中华民族与中国精神的象征。

小词典

1.	雍容	yōngróng	natural and graceful
2.	华贵	huáguì	luxurious
3.	繁荣	fánróng	prosperous
4.	牡丹	mǔdān	peony
5.	险恶	xiǎn'è	inclemency
6.	割舍	gēshě	give up
7.	蔷薇	qiángwēi	rosebush
8.	卵	luǎn	egg
9.	栽培	zāipéi	cultivate
10.	(花)瓣	(huā) bàn	petal
11.	佳	jiā	good

12. 花卉	huāhuì	flower
13. 盆栽	pénzāi	potted plant
14. 芬芳	fēnfāng	fragrant
15. 栽植	zāizhí	plant
16. 庭院	tíngyuàn	courtyard
17. 凋谢	diāoxiè	wither
18. 怒放	nùfàng	burst forth
19. 傲霜斗雪	àoshuāng-dòuxuě	brave snow and frost
20. 姿态	zītài	gesture
21. 情趣	qíngqù	temperament and interest
22. 不屈不挠	bùqū-bùnáo	indomitable
23. 望尘莫及	wàngchén-mòjí	too far behind to catch up with

一、课堂讨论：

介绍你们国家的国树、国花或受人们喜爱的一种植物。

二、调查与写作。

两或三人一组，合理分工，调查校园里的一种植物，要求了解该植物的名称、形貌、生长地等以及该植物所代表的风格与象征意义，并将调查结果写成400字的说明文。

三、民间节日

（一）写作指导

这是介绍某种活动的事物类说明文。在写作这类说明文的时候，应当注意节日的历史渊源及文化意义。写作的内容一般包括：

（1）节日的名称及其来历；

（2）与节日相关的历史与文化；

（3）节日活动及其象征意义；

（4）节日食品及其象征意义。

在写作这类说明文的时候，不要只写一些表面活动，要注意发掘节日活动的内涵，特别是写出这一节日的特点，让读者了解吃某些食品、开展某项活动的象征意义,使读者弄清楚这一节日之所以能够长期保留的文化含义。

这类说明文的写作,多采用以下方法:

1. 诠释法

要解释清楚节日的名称及其来历。

2. 描述法

仔细描述节日活动,使未亲身参加过这一节日的读者有身临其境之感。

3. 引证法

引用他人对节日的介绍与讲解。

4. 比较法

通过与其他节日的比较,体现这一节日的民族特色及民间特色。

(二)例文

例文1

中国的春节

春节是中国民间最隆重最富有特色的传统节日。在中国,春节要放假三天,加上前后两个周末,一般要连休七天,成为中国一年中最长的假期,可见中国对春节的重视程度。

中国人春节的休假从农历腊月三十到正月初六。可实际上,在中国的很多地区,特别是一些农村,早在腊月初八就开始做节日的准备了。腊月初八,人们吃腊八粥,做腊八蒜,就标志着春节准备活动的开始。春节的准备活动,包括贴春联、倒贴"福"字、贴年画等。腊月二十三的祭灶把庆祝春节的准备活动推向高潮,称为"过小年"。到了除夕,春节才算是正式来临。所有能回到家的人都回到家,全家团聚,吃年夜饭,共庆佳节。年夜饭的饭桌上一定要有鱼,表示人们对"年年有余(鱼)"生活的企盼。另外,北方人习惯在零点到来之时吃饺子,取新旧交替"更岁交子"的意思。

除夕之夜要给孩子压岁钱、放鞭炮,有去除邪恶、保佑新的一年平安之意。

正月初一的一项重要活动,是到亲朋好友家和邻里街坊那里祝贺新春,称作拜年。现在电信、网络业务发展了,很多人开始用电话、短信、微信拜年了。

春节期间,中国很多地方都举办庙会。在庙会上,人们可以品尝各种小吃,还可以看到各地的民间表演,像舞狮子、耍龙灯等等。

春节的七天假期很快过去,人们总还是觉得意犹未尽,一直到过了元宵节,春节这个"年"才算是过完了。

2006年5月20日,经国务院批准,"春节"民俗列入中国第一批国家级非物质文化遗产名录。

小词典

1. 隆重	lóngzhòng	grand
2. 腊月	làyuè	the last month of the lunar month
3. 正月	zhēngyuè	the first month of the lunar month
4. 标志	biāozhì	sign
5. 祭灶	jìzào	worship the kitchen god
6. 除夕	chúxī	the new year's eve of the lunar month
7. 团聚	tuánjù	reunite
8. 企盼	qǐpàn	look forward to
9. 邪恶	xié'è	evil
10. 保佑	bǎoyòu	bless
11. 电信	diànxìn	telecommunication
12. 品尝	pǐncháng	taste
13. 意犹未尽	yìyóuwèijìn	not enjoy oneself to the full
14. 物质	wùzhì	matter
15. 遗产	yíchǎn	legacy

例文2

端午节

农历五月初五是中国的端午节。端午节又叫"端阳节""端五节",是中国千百年来一直保存下来的传统节日。

关于端午节的来历,有很多不同的说法,其中以纪念屈原之说影响最为广泛。

屈原是中国战国时期的楚国人,是中国最早的诗人,被称为"中国诗歌之父"。他热爱自己的国家,希望自己的国家强大。当他不被楚国的国王重用并被流放时,他也不愿离开自己的家乡。最后,楚国被秦国打败,他也选择了投江自杀,他的爱国行为感动了楚国的老百姓。据说在屈原投江自杀后,许多老百姓都划着船,去他投江之处寻找他的尸体。为了不让尸体被水中的鱼虾吃掉,人们还用竹叶包上糯米投到江里。以后每年到了端午这一天,人们都通过赛龙舟、吃粽子来纪念屈原,形成了一个传统的民间活动。这些活动一直延续到现在。

由于端午节具有鲜明的文化特点,2006年列入中国第一批国家级非物质文化遗产名录。农历五月初五这一天也于2008年成为中国的法定假日。

小词典

1. 来历	láilì	derivation
2. 广泛	guǎngfàn	broad
3. 重用	zhòngyòng	put sb. in a very important position
4. 流放	liúfàng	banish
5. 投（江）	tóu (jiāng)	drown oneself in a river
6. 据说	jùshuō	it is said
7. 寻找	xúnzhǎo	search
8. 尸体	shītǐ	corpse
9. 糯米	nuòmǐ	sticky rice
10. 龙舟	lóngzhōu	dragon boat
11. 粽子	zòngzi	a pyramid-shaped dumpling made of sticky rice wrapped in bamboo or reed leaves
12. 具有	jùyǒu	possess
13. 鲜明	xiānmíng	distinct
14. 法定	fǎdìng	legal

练 习

一、用10句话写出例文1(有关春节的说明文)的主要内容。

二、课堂讨论：

介绍你们国家最有特色的一个节日。

三、写一篇关于某个节日的说明文，要求包括以下内容(400字)：

1. 节日的名称及其来历。
2. 与这一节日有关的历史与文化。
3. 节日活动的内容及其意义。

四、食品制作

（一）写作指导

这是介绍食品制作过程的程序方法类说明文。在写作这类说明文的时候，要注意以下几点：

一是要写清制作食品所需要的原料、调料及制作工具，不要遗漏，有时候缺少一样，食品就无法制作成功。

二是要详细写清食品制作方法，并按顺序写清食品制作的整个过程。方法介绍得越细越好，过于简单有时会使学习者摸不着头脑。过程一定要有条理，使学习者能够按部就班地学会制作。

如果可能的话，要写明原料和调料的数量或重量，供学习者参考。

在写作这类说明文的时候，可以采用图示法、分类法、描述法等方式。

（二）例文

例文1

饺　子

1. 原料
   （1）面粉
   （2）肉馅儿（猪肉、羊肉、牛肉皆可）
   （3）蔬菜末（白菜、韭菜、茴香、芹菜等任选一种）
   （4）其他辅料，如香菇、木耳、虾仁儿等
   （5）调料（包括酱油、料酒、香油、精盐、葱末、姜末等）
2. 用具
   （1）刀　　（2）案板　　（3）擀面杖　　（4）面盆、容器
   （5）煮锅　（6）漏勺或锅铲　（7）筷子
3. 做法
   （1）把面粉倒入面盆，加水和成较硬的面团，在上面盖上一块湿布，饧一段时间。
   （2）把肉馅儿放入容器内，先放入酱油，用筷子向同一个方向搅拌。若肉馅儿比较瘦，可适当加入一些水，也可以放入一个生鸡蛋。搅拌均匀后，依次放入料酒、姜末、葱末、香油等，一边放，一边搅拌，最后放入切碎的青菜和盐，搅拌均匀。一些青菜切碎后容易出汤，可以在切碎后挤一下，把汤挤出，然后再与肉馅儿一起搅拌，饺子馅儿

就准备好了。

（3）将饧好的面团放在案板上,切下一块,搓成长条,揪或切成大小均匀的剂子,分别揉圆,按扁,然后用擀面杖擀成圆皮(擀皮时要注意中间厚,四边薄)。将馅儿放在面皮中间,两边包起来(最好前小后大,后边捏出褶子,饺子呈半圆形,这样可以站住),饺子就做好了。

（4）在煮锅内放水。水烧开后将生饺子放入锅内,用漏勺或锅铲推动,防止饺子粘在锅底上。然后盖上盖儿煮一会儿。等锅开后,往锅里加一点儿凉水,盖上锅盖儿再煮。待锅再开后,打开锅盖儿再煮一会儿,饺子就熟了。把饺子捞出,放在盘子里。

（5）准备小碟,里面放一点儿醋,用筷子夹起饺子蘸醋吃(有人喜欢在碟里加些酱油,也有人喜欢放一点儿白糖)。北方人吃饺子时喜欢就着蒜吃。

小词典

1.	肉馅儿	ròuxiànr	meat stuffing
2.	韭菜	jiǔcài	leek
3.	茴香	huíxiāng	fennel
4.	芹菜	qíncài	celery
5.	香菇	xiānggū	mushroom
6.	虾仁儿	xiārénr	shrimp meat
7.	调料	tiáoliào	condiment
8.	案板	ànbǎn	chopping board
9.	擀面杖	gǎnmiànzhàng	rolling pole
10.	容器	róngqì	container
11.	漏勺	lòusháo	strainer
12.	和(面)	huó(miàn)	mix powder with water
13.	饧	xíng	make the dough soft
14.	搅拌	jiǎobàn	stir, mix
15.	均匀	jūnyún	well-distributed
16.	依次	yīcì	in turn
17.	剂子	jìzi	dough
18.	褶子	zhězi	pleat
19.	捞	lāo	dredge up
20.	蘸	zhàn	dip in
21.	蒜	suàn	garlic

例文 2

木樨西红柿

木樨是什么?木樨就是打碎后经过烹调的鸡蛋,颜色像黄色的桂花。因此,也有很多人把这个菜叫作鸡蛋炒西红柿。

木樨西红柿的做法很简单。

先准备好几个西红柿,把它们洗净,切成块儿。再把葱切成丝。

取两三个鸡蛋,把鸡蛋打碎,搅拌均匀。

把炒锅放在火上,加上油。油热以后,把鸡蛋放入锅内,适当搅拌,鸡蛋成固状物后捞出。

在锅里再加油,待油稍热后放上葱丝,煸炒几下以后放上西红柿,炒两三分钟后把鸡蛋放进锅内,然后加上糖、盐等调料(也有人喜欢放味精或鸡精等调料),再炒几下就可以出锅了。

看,木樨西红柿做好了,就这么简单,你也可以试一试。

小词典

1. 木樨	mùxi	egg beaten and then cooked
2. 桂花	guìhuā	sweet-scented osmanthus
3. 炒锅	chǎoguō	wok
4. 适当	shìdàng	proper
5. 固状物	gùzhuàngwù	solidified substance
6. 煸炒	biānchǎo	stir-fry
7. 味精	wèijīng	monosodium glutamate; gourmet powder
8. 鸡精	jījīng	chicken flavor

练 习

一、看一段有关中国食品制作的视频,然后写出这一食品制作的过程。

二、课堂讨论:

    介绍你会做的一种食品(如果可能的话,可通过实物、视频、图片等向大家介绍)。

三、写一篇关于食品制作的说明文,要求包括以下几个方面(300字):
1. 食品的名称。
2. 食品制作的原料、调料、工具等。
3. 食品制作的具体过程。

五、生活经验谈

(一)写作指导

这种介绍生活经验方面的文章,我们把它归为事理类说明文。这类说明文主要是讲述生活中的某种道理,通过引用专家或他人的论述以及有关的数据,使读者了解文章所讲述的事理。

在写作这类说明文的时候,可以采用以下方法:

1. 诠释法

对所要说明的事理做较为详细的解释,让读者了解其中的道理。

2. 例证法

用通俗的语言举例说明某一道理,便于读者理解一些概念化的内容。

3. 分类法

按照一定的顺序,把所要说明的事理分成几点或几个方面来进行说明。

4. 数据法

列出数据,使说明内容更加具体化,以便读者理解。

5. 引证法

引用专家的论述,证明自己所说明的道理。

(二)例文

例文1

吸烟的害处

中国是一个吸烟大国。据统计,吸烟的人数已达3.5亿,也就是说,几个人里面就有一个人吸烟,而且烟民人数还有不断增长的趋势。这已经成为严重影响人民群众身体健康的大问题。

吸烟究竟有哪些害处呢?

我们先看吸烟对吸烟者本人身体的伤害。据分析,烟草中大约含有一千二百多种化合物,其中大部分对人体有毒,特别是尼古丁,危害特别大。一支香烟里的尼古丁,可以毒死一只老鼠,20支香烟里的尼古丁能够毒死一头牛。一个人如果每天抽20至25支香烟,就将吸入50至70毫克的尼古丁,这些尼古丁足以致人于死地,只是由于它们是逐步吸入的,再加上人体有一定的解毒能力,才使人幸免于难。此外,烟草中含有许多致癌物,每天吸烟10支以上的人,肺癌死亡率要比不吸烟者高两倍半。吸烟还会引起其他疾病。总之,吸烟对人的身体健康危害甚大。据世界卫生组织的一项报告,全世界每年至少有100万人由于吸烟而过早地死亡。

  吸烟不仅害己,也会危害他人。一些人在公共场所吸烟,周围的人就会被动吸烟。被动吸烟的人,在有烟雾的房间里待上一个小时,就等于吸了一支烟。天长日久,一些非烟民也会像吸烟者一样,患上吸烟引起的种种疾病。

  由于吸烟的危害极大,很多国家都制定了禁止吸烟的法令或限制吸烟的措施,如禁止在媒体上做香烟广告,在香烟上标明"吸烟有害健康",禁止青少年吸烟以及禁止在公共场所吸烟等等。

小词典

1.	化合物	huàhéwù	chemical compound
2.	毒	dú	poison
3.	尼古丁	nígǔdīng	nicotine
4.	致人于死地	zhì rén yú sǐ dì	put sb into a fatal position
5.	解毒	jiě dú	detoxify
6.	幸免于难	xìngmiǎn yú nàn	death by sheer luck
7.	癌	ái	cancer
8.	肺	fèi	lung
9.	疾病	jíbìng	disease
10.	被动	bèidòng	passive
11.	烟雾	yānwù	smoke fog
12.	患	huàn	suffer
13.	天长日久	tiāncháng-rìjiǔ	after a long period of time
14.	禁止	jìnzhǐ	prohibit
15.	法令	fǎlìng	decree
16.	限制	xiànzhì	restrict
17.	措施	cuòshī	measure
18.	媒体	méitǐ	media

例文2

睡眠的误区

人的一生约有三分之一的时间是在睡眠中度过的。人的睡眠直接关系到人的生存质量和生活质量。睡眠与健康有很大关系。美国医学教授威廉·德门特说："睡眠是抵御疾病的第一道防线。"医学专家指出,有为数不少的高血压病人和心脏病患者是由于睡眠不好引起的。据世界卫生组织调查,世界上27%的人有睡眠问题。究其原因,主要是人们在对睡眠问题的认识上有一些误区。

第一个误区:睡眠时间越长越有益于健康。专家指出:睡眠时间的长短和健康的睡眠没有太大的关系,关键是要看睡眠的质量。每个人的睡眠时间是有差异的,只要保持有规律性的睡眠习惯,能够保证白天精力充沛、醒后没有疲乏感即可。那种平时加班、熬夜,周末大睡"补觉",即使睡十几甚至二十个小时,醒来还是感觉没有良好的精神状态。

第二个误区:睡前饮酒有助于睡眠。在现实生活中,许多人在睡前喝点酒,认为这样能很快入睡。专家认为,这种借酒催眠的做法是不可取的。因为喝酒以后马上就睡,酒中的有害物质会在体内积存,侵害身体,还会伤害视网膜,使身体适应能力下降。

第三个误区:人不需要午睡。其实,睡午觉是个很好的睡眠习惯。尤其是脑力劳动者,午睡是有效的"充电"手段,小睡片刻换来的是下午工作的高效率。从人的能量消耗和补充平衡角度看,午睡有科学道理。研究表明,午睡可以防止早衰,使心血管病的发病率减少30%。但午睡不要过长,以15分钟到半小时为宜。

第四个误区:吃安眠药帮助入睡。据调查,出现过失眠的人,只有6%的人专门为失眠去医院就诊过,而70%的人没有把失眠当作一种疾病,只是自己找来安眠药服用。要知道,安眠药不是可以随便吃的。安眠药所带来的睡眠并不能代替真正的自然睡眠,这是因为95%以上的催眠药会缩短深睡眠。安眠药要在医生的指导下服用。如果自己随意到药店购买或擅自更改医生的处方增大药量,会有一定的危险。

为引起人们对睡眠重要性和睡眠质量的关注,国际精神卫生和神经科学基金会于2001年发起一项全球睡眠和健康计划,并将每年的3月21日定为"世界睡眠日"。

第四部分 说明文(上)

小词典

1. 质量	zhìliàng	quality
2. 抵御	dǐyù	defend
3. 误区	wùqū	mistaken area; long-standing misunderstanding
4. 差异	chāyì	difference
5. 充沛	chōngpèi	profusion
6. 疲乏	pífá	fatigued
7. 催眠	cuīmián	hypnotize
8. 积存	jīcún	store up
9. 侵害	qīnhài	infringe
10. 视网膜	shìwǎngmó	retina
11. 能量	néngliàng	energy
12. 消耗	xiāohào	consume
13. 平衡	pínghéng	balance
14. 早衰	zǎoshuāi	premature senility
15. 心血管	xīnxuèguǎn	blood vessel
16. 擅自	shànzì	do sth without authorization
17. 处方	chǔfāng	prescription
18. 关注	guānzhù	pay attention to

练 习

一、根据自己的经验,把下面的提纲扩写成300字的说明文,要求写明相关内容,并说明为什么要这么做。

旅游必备

1. 需带多少钱?
2. 需带哪些食品?
3. 需带什么药品?
4. 需带哪些防身用具?
5. 需带哪些证件?
6. 其他需带用品。

二、课堂讨论：
介绍你曾经有过错误认识、现在改变看法的一段亲身经历。

三、从下面的题目中选择一个，写一篇事理类说明文，注意讲述其中的道理（400字）。
1. 购物方面的误区
2. 饮食方面的误区
3. 学习方法上的误区
4. 运动方面的误区
5. 交友方面的误区

汉语词语知识（三）

新词语与外来词

随着社会的发展与国际交流的增多，汉语中产生了大量的新词语与外来词，这些词语反映了人民生活的变化，也大大丰富了汉语的词库，使汉语充满了活力。在写作中恰当地运用新词语与外来词会达到良好的修辞效果。

一、什么是新词语？

新词语是用来指称新事物、新概念、新说法的词语，特点为：新出现、社会广泛使用、使用频率较高。临时仿造或者生造的词语不属于新词语。新词语的所谓"新"总是相对的、动态的，有的是新创造的词，有的是原本的旧词有了新意义。港台地区用语、方言词语、专业术语、网络、媒体、外来词语等是新词语的主要来源。新词语的创造方法大概有以下几种：

1. 语法造词

根据汉语的句法、词法规则创造新词语，其中偏正式和动宾式最活跃。比如：

（1）博文：博客（blog）上的文章。

（2）大片儿：投资大、制作成本高的影片，多由著名影星主演，影响较大。

（3）富婆：拥有大量财富的女子。

（4）秒杀：网络游戏高手，最高目标就在于将对手瞬间杀掉。

（5）以人为本：推进经济社会发展必须以人民的利益作为一切工作的出发点和落脚点，不断满足人们的多方面需求，促进人的全面发展，是科学发展观的本质和核心。

此外，产生了大量构词用的"类前缀""类后缀"。比如"酒吧"的"吧"是英语"bar"的音译，为了便于理解，加上表类别的"酒"字，由此类推出"网吧、茶吧、迪吧、书吧、氧吧、棋吧、陶吧、玩具吧、话吧"。由"网"构成"法网、关系网、因特网、宽带网、网吧、网线、网虫、网站、网友、网游"。由类后缀"族"构成的词有"新贫族、暴走族、背包族、本本族、波波族、拇指族"。

2. 修辞造词

比喻与借代是常用的手法。比喻造词是指用一个事物比喻另一个事物,在原有词语的基础上赋予新义而创造出新的词语,比如"半糖夫妻"指夫妻二人在工作日独自生活,周末共同生活。他们认为这样的婚姻生活有一种新鲜感,像糖一样甜。再比如:

(1) 煲电话粥:长时间地通过电话聊天。

(2) 飞鱼族:在国内已取得了不错的成绩,但放弃一切,到国外名校求学的人。他们就像会飞的鱼一样,不容易满足,不会安稳地生活。

(3) 车狼:骑自行车或摩托车进行抢劫的人。

(4) 话疗:以说话的方式疏导和宣泄心中的不快,从而达到身心健康的治疗方式。

(5) 灰色技能:某些企业要求毕业生具备的诸如喝酒、唱歌、打麻将、打牌等特殊的技能。

借代造词是指以与之密切相关的名称或它本身的某种属性来代替而形成的新词语。

(1) 白领:指具有固定工作和收入的、生活比较安逸的工薪阶层人员。

(2) 粉领、银狐领:指时髦女性或准贵族女性。

(3) 蓝领:从事体力劳动的人。

(4) 菜篮子:城镇居民的副食蔬菜供应。

(5) 国脚:具有高超球艺的国家级的足球运动员。

3. 缩略造词

抽取短语中的主要语素或者用数字与语素组合造词。

(1) 独二代:独生子女的父母也是独生子女的家庭。

(2) 三手病:指游戏手、鼠标手、手机手,由于拇指或腕部长期、反复、持续运动引起的指、腕损伤。

二、什么是外来词?

外来词也叫借词,指的是从外族语言中借来的词。外来词从翻译方式上主要分为以下几种类型:

1. 音译词

音译词是被汉语中近似的音翻译过来的外来词,大多是国名、地名、人名、单位名称、药名、化学名称及一些日常用语。如：

巴士（bus）	磅（pound）	比基尼（bikini）	布什（Bush）
凡士林（vaselin）	高尔夫（golf）	海洛因（heroin）	基因（gene）
加拿大（Canada）	卡路里（calory）	克隆（clone）	酷（cool）
伦敦（London）	麦当劳（McDonalds）	奶昔（milk shake）	派对（party）
苏打（soda）	贴士（tips）	扎啤（a jar of beer）	

2. 意译词

有些外来词如果直接音译，会比较长或者拗口，不符合汉语的习惯，就根据词义翻译成汉语的词语，这样更容易被接受。比如英语的 telephone 最初音译为"德律风"，但后来被意译词"电话"所取代。意译词保留了原词的结构，按照汉语的语义结构合成。下列词语都是意译词：

办公室（office）	电话（telephone）	电子邮件（e-mail）
代沟（generation gap）	公司（company）	黑板（blackboard）
科学（science）	民主（democracy）	热狗（hotdog）
鼠标（mouse）	随笔（essay）	银行（bank）
哲学（philosophy）	总统（president）	

3. 音意兼译词

有时意译词很抽象，不易理解和记忆，翻译者就采用音意兼顾的方法，由译音字加上表意字两部分组成。如：

艾滋病（aids）	芭蕾舞（ballet）	保龄球（bowling）	卡片（card）
啤酒（beer）	桑拿浴（sauna）	台风（typhoon）	
唐宁街（Downing Street）		文化休克（culture shock）	
雪茄烟（cigar）	因特网（internet）	做秀（show）	

4. 英文字母加汉字词

这些外来词由英文字母加上表意字两部分组成。如：

B 超（type-B ultrasonic）　　IP 电话（Internet Protocol phone）
T 恤衫（T-shirt）　　　　　　PC 机（Personal Computer）
X 光（X-ray）

第五部分

议论文(上)

议论文写作知识(上)

> **学习要点提示：**
> 1. 什么是议论文？
> 2. 议论文的特点是什么？
> 3. 议论文的写作要素有哪些？
> 4. 议论文有哪些常用的论证方法？

一、什么是议论文？

提起议论文的写作，很多学生都感到头疼，觉得这是最难写的文章。其实，议论文的写作有自身的规律。掌握了这些规律，经过反复的练习，每个人都能写好议论文。

要写好议论文，首先要弄清什么是议论文以及议论文与其他文体的区别。

议论文也叫论说文、说理文。作者针对某一论点、话题或材料，通过摆事实、讲道理，论述自己的观点，表明自己赞同什么、反对什么。

常见的议论文包括对某一社会现象或生活现象的认识、对某一种思想观点的看法、对某一受公众关注的问题的主张等等。议论文除了有观点鲜明的论文形式以外，也包括读后感（观后感）、随笔、演讲、序言、书评等各种形式。

要写好议论文，必须要做到有感而发。对我们身边发生的每一件事，大家都会有自己的看法，而且对同一件事，每个人的看法也会不尽相同。比如对违反交通规则会被罚款这件事，有的人认为应该罚款，有的人认为不该罚款；有的人认为应该重罚，有的人认为罚款不宜过重。再如对"不打不成才"这一教育孩子的观点，有人同意，有人反对。把自己对某件事或某一观点的看法写出来，就是一篇议论文。

议论文以议论或说理为主要表达方式，表达自己对某一件事或某一思想、论点的见解和主张。一般来说，议论文具有以下特点：

（一）理论性强

议论文以议论和说理为主，它的内容应当具有一定的理论性。议论文可以直接阐明某一理论，也可以以某种理论为指导来论述一个问题。如果缺少理论，文章就显得缺少说服力。

（二）概括性强

议论文是理论性较强的文章，在议论或说理的时候，就需要使自己的观点有高度的概括性，切不可面面俱到，写成流水账一般的文章。

（三）逻辑性强

议论文在议论和说理的过程当中，需要有严密的逻辑性。要想说服读者，文章就必须写得有条有理，句句言之有理。如果逻辑混乱，让读者不知所云，就不是一篇好的议论文。

二、议论文的写作要素

一篇完整的议论文，一般要包含论点、论据和论证三个要素。

（一）论点

论点是议论文作者对所论述的事物或者问题所持的见解和主张，它是一篇议论文的中心。要写好议论文，就要紧紧围绕这个中心来写，不能跑题。

论点在议论文写作中占有重要的地位，我们在写作议论文的时候，必须要注意以下几点：

1. 论点要突出、集中

初学写作者在议论文写作中，常常会犯以下毛病：一是堆积大量的材料，将论点淹没；二是文章缺少中心论点，想到哪儿说到哪儿，这样极易造成跑题现象。正确的做法是：突出论点，可以采取"开门见山"的写法，在文章的开头就明确提出论点；也可以在文章中采取排比、反问等写作手法，强调自己的论点；还可以在文章的结尾，总结自己的见解，再次强调自己的中心论点。

2. 论点要鲜明，有针对性

议论文是作者通过议论或说理的方式表达自己对某一件事或某一思想、论点的见解和主张。因此，议论文作者要明确地表达自己的观点，论点必须鲜明，有针对性，不能含混不清，模棱两可。

3. 论点要新颖，有创意

要使自己的议论文获得好评，在确立文章的论点时，要注意选取与众不同的议论角度来写，使自己的论点给人耳目一新之感。如果采取人云亦云、随声附和的写法，就不能引起别人的关注。

（二）论据

论据是作者用来证明自己论点的理由和根据。作者可以举出事例来说明自己观点的正确性，也可以通过某一权威的理论来加重自己论点的分量，还可以通过数据证明自己论点的可靠性。总之,要让人感到作者言之有理。论据必须围绕论点展开,为说明自己的论点服务。

论据可以分为事实论据和事理论据两种。实际上也就是我们常说的"摆事实,讲道理"。事实论据必须真实,事理论据除一般原则外,还包括那些从长期生活实践中概括出来的、被公认为符合事理的名言、警句等。

（三）论证

论证是运用论据证明论点的过程和方法。常用的论证方法有举例论证、比喻论证、对比论证、引用论证等。

举例论证是用典型事例作论据来证明论点。举例会使一些深奥的道理变得容易理解。比喻论证则通过形象的比喻把所讲的理论生动化,增加论证的趣味性。对比论证可以使作者的立场更加鲜明,使读者清楚地了解作者赞成什么、反对什么。引用论证除了引用名人名言以外,也可以引用古典诗词名句、格言警句、俗语等等,一方面能加强论证的力量,另一方面,它还可以丰富文章的内容,增强议论文的文学性和通俗性。

三、议论文写作训练的方式

在进行议论文的写作训练与测试时,经常采用的方式是命题作文或者材料作文。命题作文是给出一个题目,题目也许是一种观点,也许是一个话题,要求写作者围绕这一题目进行论述。材料作文则是给出一些相关的材料,要求写作者首先要读懂材料,然后以此为基础,根据写作要求,从各种角度提出论点并加以论证。

议论文不是一种孤立的文体。它有时和记叙文、事理类说明文有一些相通之处。关于它们之间的区别,以及议论文的论证方式、议论文的结构安排等,我们安排在下册加以论述。

最后需要说明的是,要写好议论文,除了要遵循议论文的写作规律以外,还要注意在观点、说法等方面创新。不要迷信名人名言。要知道,如果你的某一句论述精辟、生动或者幽默,给人深刻的印象,那么你的这句话也许就变成一句名言了。

议论文写作训练(上)

学习要点提示:
1. 怎样针对现实生活中的某一事件发表自己的见解?
2. 怎样写作读后感或观后感类的议论文?
3. 怎样对社会生活中反映出来的某种思想发表自己的看法?
4. 怎样撰写演讲稿?

一、一事一议

(一)写作指导

所谓"一事一议",就是对一件事情发表议论。

"一事一议"的文章,一般由叙事和说理两部分构成。先叙述一件事,再就这件事进行议论,发表自己的见解,说明一个道理。

在现实生活中,我们经常会对身边发生的事情产生一些看法,把它写出来,就是一篇"一事一议"的文章。"一事一议"属于议论文的范畴,虽然文章中有叙有议,但重点为议。叙事的目的是为了议论,这是"一事一议"的文章区别于记叙文的最重要特征。因此叙事部分要简明扼要,不必做过多的描写,尽快进入议论的主题。议论部分则要详细一些,抓住主要论题展开议论。

中国有句古话,叫作"仁者见仁,智者见智",对同样一件事情,不同的人站在不同的角度,会有不同的看法或见解。

"一事一议"的文章通常有如下写法:

1. 就事论理

对某事的是非直接进行评论,指出其值得肯定之处或应当批评之处。

2. 以小见大

通过身边发生的小事,引发出对大道理的感悟。

3. 由表及里

透过事情的表面现象,挖掘其本质方面的东西。

4. 联系实际

将所发生的事情与其他事情作对比分析,论述带有普遍性的问题。

"一事一议"一般是短小的文章,因此要围绕中心论点进行议论,不要面面俱到。文章的论点要新颖,要善于选择独特的角度,尽可能扩展思维,力求从新的角度、新的层面写出新意。

文章的结尾要对所论述的内容加以总结,并得出某种结论,内容要紧扣题目,与文章的开头相呼应。

(二)例文

例文1

该不该实行安乐死

1986年6月,中国陕西人王某某的母亲患了不治之症,痛苦万分,王某某要求医生为母亲实施安乐死,并愿承担一切责任。此后王以故意杀人罪被起诉,前后被关押一年零三个月,后被判无罪释放。17年后,王某某本人因患晚期胃癌,向医院申请安乐死,未获批准,于2003年8月3日在痛苦中死去,留下了一个巨大的有争议的话题——安乐死。

我认为,王某某一家的遭遇是一个悲剧。当他母亲身患不治之症、痛苦万分时,他为母亲选择安乐死,本来是一个明智的选择,而他却付出了入狱的代价;他自己在生命的最后时刻,竟连选择平静死去的权利也被剥夺了,在极度痛苦中死去,不能不使人感到莫大的悲哀。

当一个病人的病情到了无法挽回的地步,并且承受着巨大的、持续的生理和心理痛苦时,如果病人在神智清醒的情况下反复提出安乐死的要求,医生帮其实施安乐死应该是一个正确的选择。病人有选择自己命运的权利,有选择生与死的权利。

安乐死的反对者担心安乐死被别有用心的人滥用,甚至成为谋杀的借口。其实这种担心在法律制度健全的国家是不必要的,实行安乐死有一套严密的法律程序,保障安乐死的实施不受非正常因素的干扰。

在世界上,目前仅有荷兰、比利时等少数几个国家承认安乐死合法。我希望这样的国家逐渐多起来。

当我患有不治之症而每天痛苦万分时,我希望有关人士能够为我实施安乐死。

小词典

1. 安乐死 ānlèsǐ euthanasia
2. 不治之症 búzhìzhīzhèng incurable disease
3. 实施 shíshī implement
4. 承担 chéngdān bear; undertake
5. 起诉 qǐsù prosecute
6. 关押 guānyā put in prison
7. 判 pàn sentence
8. 胃癌 wèi'ái stomach cancer
9. 争议 zhēngyì dispute
10. 悲剧 bēijù tragedy
11. 明智 míngzhì wise
12. 入狱 rù yù be put into prison
13. 代价 dàijià expense
14. 剥夺 bōduó deprive
15. 莫大 mòdà greatest
16. 悲哀 bēi'āi sorrow
17. 挽回 wǎnhuí retrieve
18. 承受 chéngshòu bear; endure
19. 神智 shénzhì consciousness
20. 别有用心 biéyǒu-yòngxīn have ulterior motives
21. 谋杀 móushā murder
22. 健全 jiànquán sound
23. 保障 bǎozhàng ensure; guarantee
24. 因素 yīnsù factor
25. 干扰 gānrǎo disturb

例文 2

我看家庭暴力

近年来,一些省市纷纷将为预防和制止家庭暴力立法提到议事日程上来,并向社会广泛征求意见。在所征求的意见中,广大市民希望首先要对家庭暴力的概念做出明确的说明。我认为这是十分必要的。

过去一提到家庭暴力,人们往往想到肉体上的拳打脚踢。其实在现代社会中体现出来的家庭暴力,更多的是精神方面的摧残。比如说,丈夫或妻子冷淡对方,长期不与对方说话,算不算一种精神上的虐待?再比如说丈夫或妻子经常讽刺挖苦对方,耻笑对方的缺陷或弱点,这算不算精神上的摧残?此外,家庭暴力是否只局限于夫妻之间?打骂老人和孩子算不算家庭暴力?如此等等。

为预防和制止家庭暴力而立法,这是社会的一大进步。过去遇有家庭暴力现象发生,人们最多也就是好言相劝;遇到不听劝的,也是一点儿办法也没有。"清官难断家务事",这是千百年来人们面对家庭暴力而发出的无可奈何之言。如今我们开始为预防和制止家庭暴力立法了,对家庭成员的肉体或精神上的虐待将被视作违法行为,这对那些在家中为所欲为、称王称霸的人将是强有力的约束。

希望有关法律制定人员认真听取社会各界人士的意见,尽早制定一部较为完善的专门针对家庭暴力的法规,以便依照法律对家庭暴力行为及时制止,对行为严重者,依法予以处罚,这样我们的社会一定会更加安定和谐。

小词典

1.	暴力	bàolì	violence
2.	纷纷	fēnfēn	in succession
3.	预防	yùfáng	prevent
4.	制止	zhìzhǐ	check; interdict
5.	议事日程	yìshì rìchéng	schedule
6.	征求	zhēngqiú	solicit
7.	肉体	ròutǐ	body
8.	拳打脚踢	quándǎ-jiǎotī	cuff and kick
9.	摧残	cuīcán	wreck
10.	冷淡	lěngdàn	treat coldly
11.	虐待	nüèdài	abuse
12.	讽刺	fěngcì	satirize
13.	挖苦	wākǔ	dig at
14.	耻笑	chǐxiào	mock
15.	缺陷	quēxiàn	defect
16.	弱点	ruòdiǎn	weakness
17.	无可奈何	wúkěnàihé	have no other way
18.	视作	shìzuò	take as

19. 为所欲为	wéisuǒyùwéi	do anything as one wants to do
20. 称王称霸	chēngwáng-chēngbà	act like an overlord
21. 约束	yuēshù	restrict
22. 完善	wánshàn	perfect
23. 规范	guīfàn	criterion
24. 依法	yīfǎ	according to law
25. 处罚	chǔfá	punishment; punish

练 习

一、阅读下面的短文，根据短文的内容写一篇一事一议的议论文的提纲（300字）。

　　2004年初，中国宁波市发布的《宁波市学校安全条例》规定：学校不得组织未成年学生参加抢险、救灾等危险性活动。这一规定引起社会的普遍关注，因为这就意味着组织未成年学生参加抢险救灾活动被视为违法。

　　长期以来，未成年学生抢险救灾或与暴力犯罪作斗争的事件时有发生，并且经常作为一种美德加以宣传和鼓励。一些教育家认为：未成年人无论从生理还是心理上都处于绝对的弱势，社会经验不多，在抢险救灾或与暴力犯罪斗争中常常会付出沉重的代价。因此不能要求未成年人承担他们力所不能及的社会责任。他们应该是国家和社会的保护对象。

二、分组讨论：针对近期发生的某一事件谈谈各自的看法。

三、根据下面的提纲，写一篇一事一议的议论文（500字）。

　1. 发生的事件。
　2. 人们的议论。
　3. 自己对这件事的看法。
　4. 结论。

二、读后感(观后感)

(一)写作指导

在读过一篇文章或一本书之后,把通过阅读获得的感受以及受到的教育、得到的启示等写下来,就是读后感。如果在看过一些影视节目后把自己的感受、评价等写下来,我们就把它称作观后感。观后感的写法与读后感相同,所以后面统称为"读后感"。

要写好读后感,首先要重视"读"。在"读"和"感"的关系中,"读"是"感"的前提,"感"是在"读"的基础上引发出来的。

我们说要重视"读",就是要读懂原作,要准确把握原作的基本内容,正确理解作者的写作思想。然后再去有感而发,写出自己的读书感受。

"感"是读后感的主体,是文章的重点。我们在读一篇文章或者一本书的时候,会对阅读材料中体现的内容和思想有很多感受,其中有正面的,也有反面的;对材料中的内容和观点有赞成的,也有反对的。有可能"感同身受",也有可能"不置可否",或者"不敢苟同"。写读后感,不仅要写出观点,还要有分析和议论。读后感的篇幅不宜过长,因此,我们在写读后感的时候,要有所选择,把自己阅读时印象深刻而又觉得有话可说的感受表达出来。

一般来说,写读后感有以下几个步骤:

(1)简述阅读材料的有关内容,然后转入发表自己感受的部分。阅读材料的介绍要突出一个"简"字,切忌大段叙述。把重点放在与自己的感受有直接关系的那部分内容上。

(2)以阅读材料中的某一人物、某一问题或某一观点为出发点,旗帜鲜明地提出自己的观点,也就是文章的论点。

(3)引用阅读材料或其他材料中能够证明自己论点的论据,证明自己论点的合理性。

(4)也可以联系社会现实谈阅读材料所表现的内容和思想对现代社会或后世的影响。

以上只是介绍了写读后感的一个基本思路,我们在写作时可以灵活掌握,不要把这几个步骤看成一个固定不变的套路。

读后感是一种比较特殊的文体,虽然前面一般有一些对所阅读材料的叙述,但从整篇文章来看,还是要以议论为主,所以把它归为议论文比较恰当。

读后感的写作是因"读"而"感",有感而发,但也要注意不要跑题,如果文章中的议论扯得太远,结尾又收不回来,那就不是"读后感"了。

(二) 例文

例文1

读《愚公移山》有感

我们的汉语课本里有一篇课文叫《愚公移山》,说的是古代有一位老人名叫愚公,他家门口有两座大山挡住了出路。为了全家人的出行方便,愚公便带领全家人移山。当智叟嘲笑他在做一件不可能实现的事时,愚公说:"我死了以后有我的儿子,儿子死了又有孙子,子子孙孙坚持挖下去,总有一天可以把山移走。"

愚公移山是古代的一则寓言故事,它告诉人们只要有战天斗地的勇气,就一定能够战胜困难,取得胜利。愚公这种勇于战胜自然的思想千百年来一直受到人们的赞美。

然而从现代人的思维角度看,愚公移山这种做法是否值得提倡呢?我有几点质疑:

第一,移山好还是搬家好?古代没有大型的工具,移山谈何容易?与其一家人把一生的时间和精力都放在移山这一件事情上,倒不如劝告愚公搬家,搬到山外就可以解决出行问题,而且比移山容易多了。

第二,移山有可能破坏生态环境。愚公把从山上挖下来的土石,投到渤海之中,影响了水中鱼虾的生活;愚公把两座大山移走,山上的飞鸟、野兽何处安身?世上各种生物都有生存的权利,不能因为我们人类生活的改变而受到伤害。

综上所述,作为现代人,我认为愚公移山的行为值得商榷。

小词典

1. 愚　　　　　yú　　　　　　　foolish
2. 移　　　　　yí　　　　　　　move
3. 叟　　　　　sǒu　　　　　　old man
4. 嘲笑　　　　cháoxiào　　　　laugh at
5. 寓言　　　　yùyán　　　　　allegory
6. 战天斗地　　zhàntiān-dòudì　fight the nature
7. 勇气　　　　yǒngqì　　　　　courage
8. 赞美　　　　zànměi　　　　　compliment
9. 思维　　　　sīwéi　　　　　　thinking
10. 提倡　　　 tíchàng　　　　　advocate

11. 质疑	zhìyí	oppugn
12. 与其	yǔqí	would rather
13. 破坏	pòhuài	destroy
14. 生态	shēngtài	zoology
15. 渤海	Bó Hǎi	Bohai Sea
16. 野兽	yěshòu	beast
17. 生存	shēngcún	survive
18. 权利	quánlì	right
19. 综上所述	zōngshàngsuǒshù	conclude the above saying
20. 商榷	shāngquè	deliberate; discuss

例文 2

《三个和尚》观后感

今天，我看了一部传统的动画片《三个和尚》，感触颇深。影片的大致内容是通过三个和尚挑水的故事，向我们讲述了"一个和尚挑水吃，两个和尚抬水吃，三个和尚没水吃"这一生活中的现象，阐发了做什么事要想获得成功，必须要有团结合作的精神这一思想。

现实中确实有这样的现象。当一个人独自工作时，无论做什么事情，都要靠自己来完成。而当一起工作的人较多时，往往将工作推来推去，谁也不想担当责任，结果人多反而办不成事。

影片的后半部分很有意义。它是以三个和尚一起救火的事为例教育了三个和尚，也使我们受到了教育：对于一起生活、一起工作的我们来说，就像是坐在大海上的一条小船上，大家必须分工合作，有的人划船，有的人掌舵，否则就无法生存。

《三个和尚》的影片通过一个生动有趣的故事，教育人们要想避免"三个和尚没水吃"的尴尬现象，只有大家团结一致，同心协力，这样才能够战胜困难，取得成功。

小词典

1. 和尚　héshang　monk
2. 感触　gǎnchù　feeling
3. 颇　pō　very
4. 大致　dàzhì　approximately
5. 现象　xiànxiàng　phenomena
6. 阐发　chǎnfā　elaborate
7. 现实　xiànshí　reality
8. 无论　wúlùn　no matter
9. 担当　dāndāng　take on
10. 责任　zérèn　responsibility
11. 掌舵　zhǎng duò　steer
12. 否则　fǒuzé　otherwise
13. 生动　shēngdòng　vivid
14. 有趣　yǒuqù　interesting

练 习

一、阅读下面的寓言故事，写一篇400字的读后感。

守株待兔

古代的宋国有一个种田人，每天都去地里劳动。有一天，他正在干活儿，突然看见一只野兔慌慌张张地从远处跑来，一头撞在田边的树桩上，野兔撞断了脖子，躺在地上一动也不动了。种田人没费什么力气，就得到了一只兔子，心里非常高兴。他想：要是每天都能捡到一只兔子，那该多好呀！我就不用种田了。于是，他丢下了锄头，整天坐在树桩旁边，等待野兔的到来。

时间一天天过去了，他再也没有等到兔子，而自己却成为人们笑话的对象。

二、分组讨论，就近期上演的某部电影或电视剧谈谈各自的观后感。

三、写一篇给你较深印象的电影或电视剧的观后感（500字）。

三、思想评述

（一）写作指导

思想评述是对社会生活中反映出来的某种思想发表自己的看法。选择某种思想进行评述，一般可以从以下几个方面入手：

（1）具有普遍性的思想观念；

（2）具有典型性的思想意识；

（3）具有代表性的思想认识；

（4）最近出现的思想苗头。

这些评述对象往往能够引起人们的普遍关注，有评述的价值。

怎样才能写好思想评述呢？

一是评述对象要集中到某一思想认识上，不要过多地描述思想背景。

二是评述文章要叙述与评论相结合。首先要简单扼要地介绍所要评述的某种思想的概念以及它对人们的影响，然后对此进行评论。评论是文章的主要部分。

三是分析要具体，摆事实，讲道理，不要使用讽刺与漫骂的语言，要以理服人。

四是评述，不要面面俱到，要抓住一种思想进行深入分析，讲清道理。

五是要辩证地评论某些思想，要注意一些思想的两面性，不要片面地进行评论。

在语言上，思想评述文章应该注意：

1. 善于使用概括性语言，行文简单明了。

2. 既要有理性，又要通俗易懂。

3. 要注意文章的感染力，不要空洞地说教。

（二）例文

例文1

知足者未必常乐

"知足者常乐"是流传已久的俗语。在现实生活中，有很多人抱着知足者常乐的生活态度，他们往往满足于生活现状，觉得自己现在有了房子、车子、票子，过去的梦想都变成了现实，于是沉湎于已经得到的某种快乐和幸福之中，用"知足者常乐"安慰自己。

知足者真的常乐吗？我看未必。

首先,我们生活在一个日益发展的社会中,各种竞争无处不在,即使现在过着无忧无虑生活的人们,也常有某种危机感。如果我们满足于现状,不谋求新的发展,那铁饭碗总有打破的一天。

其次,人的一生应该既要有短期规划,更要有长远目标,不应为自己短期目标的实现而沾沾自喜,要有一种永不满足的"更上一层楼"的生活态度。如果抱着自己获得的小小的成绩而停滞不前,当你发现别人都超过你时,后悔就晚了。

第三,人生中的快乐往往是在不断奋进中感受到的,就像跳高运动员一样,当你越过一个从未越过的高度时,你在得到极大的愉悦的同时,又开始向新的高度发起冲击。如果你像龟兔赛跑中的兔子一样不思进取,你所能够获得的快乐也只能是暂时的。

所以我认为:知足者未必常乐,不知足者在不断的奋斗中才会感受到乐在其中。

小词典

1. 未必	wèibì	unnecessarily
2. 沉湎	chénmiǎn	immerse; indulge in
3. 日益	rìyì	increasingly; day by day
4. 无处不在	wúchù-búzài	exist everywhere
5. 无忧无虑	wúyōu-wúlǜ	rhathymia; carefree and lighthearted
6. 谋求	móuqiú	seek; try for
7. 规划	guīhuà	layout; mark out; programming
8. 沾沾自喜	zhānzhān-zìxǐ	hug oneself
9. 停滞不前	tíngzhì-bùqián	stagnant
10. 奋进	fènjìn	to advance bravely; endeavour
11. 愉悦	yúyuè	pleasant
12. 龟	guī	tortoise
13. 不思进取	bùsī-jìnqǔ	unenterprising
14. 乐在其中	lèzàiqízhōng	enjoy it

例文2

"激流勇进"还是"急流勇退"？

汉语课本上学了一个词语叫作"激流勇进",意思是面对困难要勇敢向前,绝不退缩。我查了几本词典,都没有找到这个词语,但却找到了与之意思相反的词语——"急流勇退",意思是在急流中要有退出的勇气。我有些困惑了：在现实生活中,当我们遇到困难的时候,究竟应该"激流勇进"还是"急流勇退"呢？

赞成"激流勇进"的人认为,生活中经常会遇到困难和挫折,如果我们急流勇退,就很难在事业上取得成功。只有勇于攀登高峰的人,才能达到成功的顶点。

主张"急流勇退"的人则认为,"急流勇退"是对自己有正确的认识,如果你自己是个鸡蛋,让你去碰石头,你还要冲上去吗？当然要"急流勇退"了。还有,很多运动员在功成名就之时适时地选择退役,在运动史上留一世清名,而有些人明知自己体力不支仍然坚持参赛,只能落得让人可怜。

我对这个问题考虑了很久。我觉得很难用一句话对此下个结论,应该具体情况具体分析。我并不赞成运动员一有成绩就"急流勇退",如果你有能力,有技术上、体力上的优势,为什么要过早地退下来呢？你可以向三连冠、五连冠冲击。但是当你明知自己技不如人的时候,恐怕及早退下来就是你唯一正确的选择了。

此外,我们也要辩证地看待这个问题。人生中的退与进,就像海岸边的浪潮,有时候,退是为了进。当你任期已满而你的竞争对手年富力强的时候,当解决问题不再游刃有余而感到吃力的时候,你选择"急流勇退"不失为一个明智的选择。你退下来之后,可以选择更适合你发展的另一个平台做另一番事业。那时,你会为自己获得新的成功而庆幸自己的"急流勇退"。

小词典

1. 激流勇进	jīliú-yǒngjìn	to forge ahead against a swift current; to press on in the teeth of difficulties
2. 急流勇退	jíliú-yǒngtuì	to go (or to leave) while the going is good; to resolutely retire at the height of one's official career
3. 退缩	tuìsuō	flinch
4. 困惑	kùnhuò	baffle; puzzled

5. 挫折	cuòzhé	frustration; reverse
6. 攀登	pāndēng	ascent; climb
7. 功成名就	gōngchéng-míngjiù	to achieve success and win recognition; to accomplish both success and fame
8. 退役	tuìyì	out of commission
9. 一世清名	yíshì-qīngmíng	to keep a good reputation in one's whole life
10. 技不如人	jìbùrúrén	the technique is inferior to the human
11. 及早	jízǎo	as soon as possible
12. 辨证	biànzhèng	dialecticly
13. 浪潮	làngcháo	tidal wave
14. 年富力强	niánfù-lìqiáng	in the prime of one's life
15. 游刃有余	yóurèn-yǒuyú	do a job with skill and ease
16. 明智	míngzhì	wise
17. 庆幸	qìngxìng	felicitate

练 习

一、选择下面一些传统思想观念中的一种，写一篇思想评述文章的提纲（300字）。

1. 好女不嫁二夫。
2. 人为财死，鸟为食亡。
3. 人贫志短，马瘦毛长。

二、分组讨论，介绍你们国家的一种有争议的思想观念，指出有哪些截然不同的看法。

三、选择当前社会中的一个新的思想观念，写一篇议论文（600字）。

议论文要点：
1. 新的思想观念。
2. 关于这一思想观念的不同见解。
3. 你对这一思想观念的看法。

四、演讲稿

（一）写作指导

演讲稿属于议论文的一种，演讲稿写得好不好，是决定演讲能否成功的关键。一篇好的演讲稿，多具备以下特点：

1. 有明确的目的性

无论是在万人大会上的演讲，还是在十几人范围内的小规模演讲，成功的演讲都必须要有明确的目的性。你要告诉大家什么事，你要讲述的道理是什么，你演讲的目的是什么，要有一个清晰的表述。如果你的演讲思路不清楚，别人听了你的演讲，不知道你到底是要讲什么，那么，即使你掌握了演讲技巧，也只能产生哗众取宠的效果，过后很快就会被大家忘记。

2. 有理性的思维

成功的演讲总是能给人留下难忘的记忆，特别是演讲中那些富有哲理的语句，往往会启发人们的思考，被人们或记忆、或传诵，长久铭记在听众的脑海里。

无论是用故事、用自己亲身的经历来印证某种人生的哲理，还是用精辟的议论来为演讲做一结论，富有哲理的议论往往能使听众的精神为之一振。

3. 有典型的事例

演讲都应该有一个主题，而说明这一主题又离不开举例。缺少事例的议论会使人感到空洞、乏味，缺少说服力，举例过多又有堆砌之嫌。因此，成功的演讲所举事例不在于多，而在于精。所举的事例要有典型性，能使演讲者和听众之间产生一种强烈的共鸣，从而调动起听众的积极性。

4. 有真情实感

演讲要能打动听众，就必须要有真情实感。"真""善""美"是演讲者追求的重要目标。

"真"就是要让人感受到演讲者的真情。无论是生活中的真实，还是艺术上的真实，都要让听众感受到真实的情感，要让他们感到给他们讲述的道理都是肺腑之言。如果只是为了完成一个作业或者任务而抄袭别人的演讲稿，在演讲中就很难讲出真情实感。

"善"就是内容要符合主流的道德观和价值观。我们的演讲总是要体现一种做人的道德观和价值观。世界上存在着不同的社会制度，但是"向善"是人类所共有的，像真挚的爱情、助人为乐的精神等等，无论在什么环境下都是美好的情感和道德。演讲中的故事和观点要让人听了以后会赞同，会感动，会理解，会由此而奋进。

"美"就是要让演讲成为一种艺术，成为一件由美的语言行为和崇高的思想感情交融在一起的令人难忘的艺术品。演讲要给人美的享受，它可以是悲剧，给人一种悲壮的美;它也可以是喜剧,给人一种欢快的美。同时,教会人们去追求美、鉴赏美、创造美。

总之,只有具备了"真""善""美"的特征,演讲才会有真正的生命力,才会经得起时间和历史的考验。

在写作演讲稿的时候,要注意以下问题:

1. 注意选择话题

在我们的生活中,往往会有这样的情况:一个故事就发生在你的周围,或者就发生在你的身上,这件事情使你感动,想起来就要落泪,你很想向周围的人倾诉一番;或者一件事情使你感到愤怒,很想揭露某人的恶劣行径;或者一件事情让你想起来就想乐,很想让你的朋友和你一起开心。你有了一种发泄或创作的冲动,那你就有了自己的话题。这个话题是你的真实想法,然后你寻找生活中的故事,来说明你的观点,那么你的演讲稿就有了自己的内容。

2. 演讲稿要有创意

有人说,第一个说女人像一朵花的人是天才,第二个说女人像一朵花的人是蠢才。演讲内容同样要有新意。对待同一件事情,每个人都有自己的理解。要寻找自己与他人的不同之处。如果自己的观点别人已经讲过,而自己所要讲的又不能超越别人,那就不要讲了。一位农民说得好:"吃别人嚼过的馍没滋味。"此外,将发生在自己身边或者自己身上的故事讲出来,那将是第一手资料。用它来说明你的某个观点,不是很有创造性吗?

3. 要设计精彩的开场白

文章开头最难写,同样道理,演讲的开场白也最不易把握,要想三言两语就抓住听众的心,绝非易事。如果演讲在枯燥无味中开始,听众对下面的内容就不会感兴趣。因此设计独具匠心的开场白尤其重要。可以在演讲开始先做个幽默的自我介绍,或者喊一声:"你们知道我要讲的题目是什么吗?"来和听众做个互动交流,引起听众的反应;也可以说出一句惊人之语或者一开始就制造一个悬念,引发听众听下去的兴趣;还可以引用人们熟悉的名人名言,为自己的观点引路。

4. 要有给人回味无穷的结尾

用一句精彩的话语做结尾,会将演讲引向高潮,同时也为演讲画上一个圆满的句号。像:"冬天来了,春天还会远吗?"(英国雪莱)"前脚跨出大门,后脚就不准备再跨进大门!"(闻一多)这些都是能够震撼人的心灵的精彩话语。

写作演讲稿的时候,可以参考使用下面的一些写作手法:

1. 排比

排比是一种写作修辞手法,也是一种普遍应用的演讲技巧。排比是用句法结构相类似的段落、句子或短语来表示强调和一层层的深入,借以突出它们的共同点和不同点。很多时候,排比的段落或句子是以一种递进的方式排列,营造出一种雷霆万钧的气势,同时琅琅上口,富有乐感和节奏感。

2. 对比

运用对比的方式会加深听众的印象。

3. 拟人

对动物或某种事物做拟人化的描写,会使演讲更生动。

(二)例文

例文1

什么是幸福?

什么是幸福?每个人都有自己的理解。有的人满足于一种小康生活:下班后回到家,能够洗一个热水澡,吃上可口的饭菜,然后夫妻相偎在沙发上,一起看喜欢的电视节目,觉得这就是幸福;有的人把生活中的惊喜看作是幸福:恋人送上一束玫瑰花,买彩票突然中了大奖,考上了自己中意的名牌大学,找到了自己梦寐以求的工作等,觉得那才是幸福。

人们的社会地位不同,对幸福的理解也就有所不同。如果你是一位国家领导人,也许会说幸福就是能改善社会,消除贫困,让全国人民都过快乐的生活;如果你是一名大众都熟悉的影视明星,也许会说幸福就是自己的"粉丝"越来越多,作品能被更多的观众欣赏;如果你是一位教师,也许会说幸福就是自己的学生能够名扬四海,桃李满天下;如果你是一个普通农民,也许会说幸福就是老婆孩子热炕头外加科技致富;如此等等。

我们不应该把幸福看作是抽象的概念,而应当看作是具体的存在。幸福是可以追求的,可以实现的,可以享受的,可以赠送与人的。幸福就在我们的日常生活中,需要人们用真心去感受,做自己想做又能做的事情,也是幸福。

有一个类似寓言的故事在网上流传着:一只小狗问它妈妈幸福在哪里,狗妈妈告诉它:"幸福就在你的尾巴上。"于是,小狗就不停地追,它要抓住自己的尾巴,看看幸福到底是什么样子。可是,它发现自己怎么追也追不到自己的尾巴,于是便把苦恼告诉妈妈。狗妈妈告诉它说:"孩子,不要刻意去追,只要你一直往前走,幸福就会永远跟在你的身后。"

让我们从自己的生活中寻找幸福吧,只要你善于发现,幸福就在你的身边。

📖 小词典

1.	小康	xiǎokāng	well-to-do; relatively comfortable (life)
2.	相偎	xiāngwēi	lean to each other
3.	惊喜	jīngxǐ	pleasant surprise
4.	恋人	liànrén	lover
5.	玫瑰	méigui	rose
6.	彩票	cǎipiào	lottery ticket
7.	中意	zhòngyì	fix one's mind on
8.	名牌	míngpái	famous brand
9.	消除	xiāochú	dispel
10.	贫困	pínkùn	poverty
11.	粉丝	fěnsī	fans
12.	名扬四海	míng yáng sìhǎi	become famous all over the world
13.	炕	kàng	heatable brick bed which are seen in the north China
14.	科技	kējì	science and technology
15.	致富	zhìfù	make a fortune
16.	享受	xiǎngshòu	enjoy
17.	类似	lèisì	similar
18.	尾巴	wěiba	tail
19.	刻意	kèyì	painstakingly
20.	善于	shànyú	be good at

例文2

假如我中了五百万

在中国,你只要花两块钱,就可以买一张彩票,假如你的运气好,你就可以中奖,最高的奖金高达五百万元人民币。扣除税金,你还能得到四百万。假如你拿到了这笔高额奖金,你会把它用到什么地方呢?

也许你会说:"我会把奖金全部送给我的妈妈。"那我会赞赏你的孝心。妈妈为子女操了一辈子的心,现在有了钱,还不应该让妈妈过一个幸福的晚年吗?

也许你会说:"我要用这笔钱来改变我的生活,先为自己买一栋房子,再买一辆汽车,余下的钱,放到银行中。"我觉得这是很现实的。辛苦了一辈子,终于有了钱,改善一下自己的生活,有什么不对的吗?

也许你会说:"我要用这笔钱实现我周游世界的梦想,我要跑遍世界的每一个角落。"每个人都有自己的梦想,可要实现自己的梦想并不那么容易。当梦想实现时,我们应该抓住机遇。建议你周游世界的时候写一本游记,送给你的每一位朋友,让他们分享你的快乐。

也许你会说:"假如我中了五百万,我要开一家自己的公司,自己做老板,为自己打工,不再看别人的眼色行事。等我的事业发达了,我也要为奥运冠军发奖金,每人一百万!"现代的年轻人,大多做着这种"老板"梦,不过给你一个善意的提醒:有了钱,当老板容易,当好老板可就难了。

也许你会说:"假如我中了五百万,我一分钱也不留,全部捐给慈善事业,盖几所希望小学,让更多的孩子能够在明亮的教室里学习。"你的无私会感动所有的人,向你致以崇高的敬意。

"你呢?"朋友们问我。

我的愿望很简单,也很现实,用这笔钱开一家小小的书屋,为什么要开书屋呢?原因有二:一是因为我一生酷爱看书,有了自己的书屋,我不用再为寻找自己喜爱的书到处去跑;二是因为我喜欢交朋友,特别是和我一样喜欢看书的朋友,有了自己的书屋,就可以让他们到我的书屋里来,一起谈古论今。

朋友,假如你中了五百万,你会用它做什么呢?

小词典

1.	扣除	kòuchú	deduct
2.	税金	shuìjīn	tax
3.	高额	gāo'é	high price
4.	赞赏	zànshǎng	admire
5.	孝心	xiàoxīn	filial piety
6.	操心	cāo xīn	bother; concern oneself; worry about
7.	栋	dòng	measure word for building
8.	改善	gǎishàn	improve; ameliorate
9.	周游	zhōuyóu	travel around
10.	梦想	mèngxiǎng	dream
11.	角落	jiǎoluò	corner
12.	机遇	jīyù	opportunity
13.	游记	yóujì	traveling journal
14.	分享	fēnxiǎng	share

15. 眼色	yǎnsè	meaningful glance
16. 行事	xíngshì	act
17. 发达	fādá	developed
18. 奥运	àoyùn	Olympics
19. 冠军	guànjūn	champion
20. 善意	shànyì	goodwill
21. 慈善	císhàn	charity
22. 酷爱	kù'ài	revel in
23. 谈古论今	tángǔ-lùnjīn	talk about the past and present

练 习

一、以"假如我是市长"为题,写一篇议论文的大纲(300字)。

二、分组讨论,谈谈"我的幸福观",然后选出代表向大家汇报精彩论点。

三、自定题目,写一篇演讲稿(800字)。

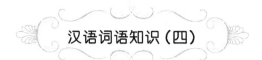

汉语词语知识(四)

汉语中的谐音

谐音既是汉语中常见的语言现象,也是一种文化现象。汉语同音、近音字词的丰富存在,为谐音取义提供了有利条件,中华民族独特的文化心理因素又为它奠定了丰厚的基础。

一、什么是谐音?

谐音是指"字词的音相同或相近"。利用同音字词或者近音字词进行谐音取义,可以造成一语双关。比如"福倒(到)了"中的"倒"和"到"是谐音关系,其中"倒"是表面意义,"到"是实际含义。

谐音取义在汉语中使用频率很高,表现在语言交际和非语言交际两方面。这里只介绍常见的几种情况。

二、谐音在语言中的运用

1. 文学作品中的运用

(1)刘禹锡的《竹枝词》中"道是无晴却有晴"一句,"晴"的基音义与同音字"情"的泛音义相谐,表面谈天气,实际喻深情。

(2)李商隐的《无题》中"春蚕到死丝方尽,蜡炬成灰泪始干"一句,"丝"谐"思",表面是描写蚕吐出的"丝",深层含义则是思念的深情。

2. 歇后语中的运用

歇后语中,谐音歇后语占了很大一部分。歇面所揭示的基音义与歇底所代表的泛音义,一般利用同音字或者近音字相谐,言此意彼,取得诙谐幽默的效果。试举几例:

歇面	基音义	泛音义（歇底）
外甥打灯笼	照舅	照旧
腊月里穿裙子	美丽冻人	美丽动人
老头子打哈欠	一望无牙	一望无涯
冻豆腐	难拌	难办
深山里敲钟	鸣声在外	名声在外
小葱拌豆腐	一青二白	一清二白
米粥拌面粉	稠上加稠	愁上加愁
猪八戒的脊梁	悟能之背	无能之辈

歇面	基音义	泛音义（歇底）
孔夫子的口袋	书袋子	书呆子
灶神上贴门神	画中有画	话中有话
飞机上挂暖瓶	高水瓶	高水平
牛角上抹油	又尖又滑	又奸又滑
六月里戴手套	保手	保守
孔夫子的徒弟	贤人	闲人
千年的枯庙	没僧	没声
马背上钉掌	离蹄太远	离题太远

在这类歇后语中，后半句中的词语（基音义）与前半句有直接的逻辑关系，同时利用同音相谐或近音相谐使内含的谐音意义（泛音义）在悄无声息中自然显现出来，使读者或听者心领神会，充分体现了民间口语的幽默色彩。

3. 人名中的运用

姓名是人一生的符号，生活中的人物命名更加重要。刘芳（流芳）、刘（留）青山、何（河）思源、于（鱼）得水、朱（珠）满庭、谭（谈）天地、薛（雪）中晴、庞博（磅礴）、姜不凡（将不凡）等，都是利用了谐音兴义的方法，使姓名的内涵和韵味有所增强。

4. 成语活用与翻造

成语是汉语中的盐，凝练，表现力强。利用谐音对成语进行翻造，可以达到出人意料的效果。

最常见的是在广告中,利用谐音对成语进行翻造,既突出产品的特点,又富有趣味。比如:

广告语(泛音义)	基音义
随心所浴(万家乐热水器)	随心所欲
百衣百顺(三角牌电熨斗)	百依百顺
有湿必有得(亚都加湿器)	有失必有得
无胃不治(某胃药)	无微不至
咳不容缓(某感冒药)	刻不容缓

5. 谐音意译词语中的运用

翻译的方法一般分为音译、意译、音意结合法等几种,最佳境界就是既保留语音,又传达原意,做到音意完美结合。

商标的翻译最有代表性。例如:

举例	英文原意	中文意译词语意
NIKE 耐克	希腊神话中的胜利女神	耐(耐用)、克(胜利)体现出产品的追求
BENZ 奔驰	公司老板爱女的名字	与汽车飞驰的特点吻合,形象而贴切
PUMA 彪马	美洲豹	用与美洲豹同样富于耐力且善跑的马作代表,十分帅气
QUICK 快克	迅速,快	使人联想到此药能迅速攻克疾病
TIDE 汰渍	潮流,趋势	淘汰污渍,去污力强
CANON 佳能	具有大炮一样的威力,全能	品质佳,性能好
SIGNAL 洁诺	出色,显著	对洁齿效力的承诺,护齿保洁卫士
COCA-COLA 可口可乐	Coca本指原料	独特可口,令人快乐
KODAK 柯达	用小型照相机拍照	按下快门瞬间的动感声音,达到(最佳效果)

另外,生活中还有一些比较成功的谐音意译词语,如:芒果(mango)、绷带(bandage)、霓虹灯(neon light)、沙发(sofa)、汉堡包(hamburg)、托福(TOFEL)等,由于意指明确,音意结合,雅致易记,因而经过时间的荡涤,最终被保留下来。

6. 网络语言中的运用

在网络语言中,利用数字和英文字母或者拼音字母谐音最能快捷地表达意义,如5211314(我爱你一生一世)、526(我饿了)、886(拜拜了)、5555(呜呜呜呜)、9494(就是就是)、7456(气死我了)、885(帮帮我)、95(救我)、3X(thanks)、En(嗯)等等。另外,利用谐音字还可以表现网络交流趣味,如:伊妹儿—E-mail(电子邮件)、偶—我、竹叶—主页、美眉—妹妹(年轻的女性)、斑竹—版主(BBS管理员)、大虾—大侠(网络高手)等等。

三、谐音在非语言交际中的运用

在非语言交际中,特别是在民间风俗中,谐音文化体现得尤为明显。它反映了汉民族含蓄委婉、祈福、避凶的文化心态。

1. 在节庆和婚庆习俗中的运用

(1) 腊月下旬至除夕,家家大扫除,称为"除尘",谐音"除陈",意为去除晦气。

(2) 过年时人们将"福"字倒贴,利用"福倒了"谐音意义表示"福到了",反映了人们朴素美好的愿望。

(3) 南方人过春节喜欢在门口点一堆炉火,用旺旺的炉火象征日子的兴旺,十分喜庆。

(4) 春节拜年时,长辈要将红包送给晚辈,称"压岁钱",谐音"压祟",寄托了长辈期望晚辈平安的美好祝福。

(5) 逢年过节,饭桌上的最后一道菜一般是鱼,在于"余"的谐音义。发菜本身形味欠佳,却在过年时受到青睐,原因在于与"发财"谐音。"饺子"原名"扁食",由于新岁旧岁相交于子时,"交子"的谐音"饺子"就逐渐取代原名。"汤圆"古时叫"浮圆子、米圆子",后来固定叫"汤圆",是因其谐音"团圆"。"年糕"原称"黏糕",本为祭神奉祖之用,后成为春节食品,源于其谐音吉利义"年年高升"。

(6) 中秋节时,广西人喜欢制作柚子灯,将香插在柚子上,待明月升起时用长竿将柚子高高举起,以示祭月拜月,只因"柚子"与"佑子"谐音,含有保佑子孙的美好祝福。

(7) 新婚夫妇的床上放红枣、花生、桂圆、莲子,是祝福新人"早生贵子";放花生表示"花着生",既有儿又有女……这些"撒帐"的习俗流传至今,饱含深意的同时,为婚礼平添几分欢乐的气氛。

2. 在民间剪纸、年画、建筑装饰或吉祥物品中的运用

在民间,约定俗成、具有代表性的谐音意义有:蝠—福、鱼—余(馀)、鹿—禄、鲤—利、金鱼—金玉、瓶—平、鲇鱼—年年有余、鸡—吉、柿—事等等。试举例说明。

(1) 蝙蝠外形丑陋,却被视为吉祥物,源于"蝠""福"谐音。以红纸剪五只蝙蝠贴于门户,以"红蝠"谐"洪福";年画或建筑上有五个蝙蝠飞入大门,取"五福临门"意;蝙蝠从天上飞下,取"福从天降"意;蝙蝠围着有眼的铜钱飞,喻"福在眼前"。

(2) 在年画中,画鲇鱼戏水,取"年年有余"意;画莲花和鱼,取"连年有余"意;画一缸金鱼,取"金玉满堂"意;画一枚有眼的铜钱和两只喜鹊,取"喜在眼前"意;画一位老翁手捧春字铜钱或者画一些花卉,身边有鹿和鹤,表示"六合同春"之意。

(3) 在门墩上雕三只绵羊,表示"三阳开泰";雕两个柿子,一支如意,象征"事事如意";雕一种插有结穗植物(如稻子)的花瓶,旁边雕一只鹌鹑,表示"岁岁平安"。

(4) 民间绣品中有许多图案也有讲究。绣喜鹊登上梅花枝头,取"喜上眉梢"之意;绣两只喜鹊,取"双喜临门"之意;绣一只豹和一只喜鹊,称"报喜"图;儿童的帽子、鞋子、枕头等常用老虎造型,用意在于希望孩子像老虎一样虎虎有生气。

总之,在中国人的语言和生活中,谐音随处可见,它深入到生活的各个方面。不论是衣食住行,还是节日嫁娶,不论是通俗的民间口语交际,还是雅致的文艺作品,都有谐音现象的存在,值得汉语学习者注意。

节选自刘立新《谐音文化》

汉语写作教学常用词语（上）

1.	按照	ànzhào	according to
2.	包括	bāokuò	include
3.	背景	bèijǐng	background
4.	本质	běnzhì	essence
5.	比喻	bǐyù	metaphor
6.	便条	biàntiáo	informal note
7.	标点	biāodiǎn	(*n.*) punctuation, (*v.*) punctuate
8.	标题	biāotí	title; heading
9.	标准	biāozhǔn	criterion
10.	表示	biǎoshì	indicate; mean
11.	表述	biǎoshù	express; expression
12.	波澜	bōlán	billows; great waves
13.	不知所云	bùzhī-suǒyún	scarcely know what one has said
14.	步骤	bùzhòu	approach; step
15.	材料	cáiliào	material
16.	残缺	cánquē	misshapen; incomplete
17.	侧重	cèzhòng	emphasize particularly on
18.	层次	céngcì	administrative levels
19.	阐明	chǎnmíng	elaborate
20.	常用	chángyòng	often used; in common use
21.	场合	chǎnghé	occasion; situation
22.	陈述	chénshù	state
23.	称呼	chēnghu	a form of address
24.	称谓	chēngwèi	title; appellation
25.	成因	chéngyīn	factor
26.	程序	chéngxù	procedure
27.	抽象	chōuxiàng	abstract
28.	创意	chuàngyì	originality

29. 词藻	cízǎo	euphuistic
30. 次序	cìxù	sequence; order
31. 搭配	dāpèi	match; arrange in pairs or groups
32. 典型	diǎnxíng	typical; representative
33. 调换	diàohuàn	exchange
34. 顶格	dǐnggé	be set flush with the left
35. 定义	dìngyì	(v.) define; (n.) definiton
36. 洞察力	dòngchálì	insight; discernment
37. 独白	dúbái	monolog; monologue; soliloquy
38. 短语	duǎnyǔ	phrase
39. 段落	duànluò	paragraph
40. 堆积	duījī	accumulate
41. 堆砌	duīqì	heap; pile
42. 对象	duìxiàng	object
43. 对应	duìyìng	corresponding
44. 耳目一新	ěrmù-yìxīn	find everything new and fresh
45. 反问	fǎnwèn	ask a question in reply
46. 范围	fànwéi	extension
47. 分句	fēnjù	clause
48. 分明	fēnmíng	clearly demarcated
49. 纷乱	fēnluàn	involute; troublous
50. 风格	fēnggé	style
51. 否定	fǒudìng	negate; deny
52. 符号	fúhào	sign; symbol; mark
53. 附件	fùjiàn	attachment
54. 复句	fùjù	complex or compound sentence
55. 赋予	fùyǔ	endow; endue
56. 改正	gǎizhèng	correct
57. 概括	gàikuò	recapitulate; sum up
58. 概念	gàiniàn	conception
59. 感染力	gǎnrǎnlì	infectivity
60. 感受	gǎnshòu	feelings
61. 感叹	gǎntàn	sigh with emotion

62. 感悟	gǎnwù	comprehend; catch on
63. 感谢信	gǎnxièxìn	letter of thanks
64. 高潮	gāocháo	climax; upsurge
65. 格式	géshì	form; format
66. 格言	géyán	adage
67. 公开	gōngkāi	publicity
68. 公务	gōngwù	official business; public affairs
69. 功用	gōngyòng	function
70. 沟通	gōutōng	communicate
71. 构造	gòuzào	(n.) structure; (v.) construct
72. 孤立	gūlì	isolate
73. 古典	gǔdiǎn	classical
74. 固定	gùdìng	fixed
75. 关系	guānxi	relationship
76. 观点	guāndiǎn	point of view
77. 贯穿始终	guànchuān-shǐzhōng	always permeated
78. 广义	guǎngyì	generalized meaning
79. 归纳	guīnà	conclude; induce
80. 规范用语	guīfàn yòngyǔ	standardization words
81. 规律	guīlǜ	rule
82. 过程	guòchéng	process
83. 含混不清	hánhùn-bùqīng	ambiguous
84. 行间	hángjiān	between the lines
85. 行距	hángjù	space between rows
86. 行末	hángmò	end of the rows
87. 行首	hángshǒu	beginning of the rows
88. 核对	héduì	check
89. 贺信	hèxìn	congratulatory letter
90. 环节	huánjié	tache
91. 混乱	hùnluàn	disordered
92. 基础	jīchǔ	basis
93. 集中	jízhōng	concentrate
94. 记叙文	jìxùwén	narrative article

95. 兼顾	jiāngù	give attention to two or more things at one time
96. 剪裁	jiǎncái	clip
97. 简历	jiǎnlì	resume
98. 简略	jiǎnlüè	compendious
99. 见解	jiànjiě	opinion, view
100. 箭头	jiàntóu	arrow
101. 讲述	jiǎngshù	narrate
102. 交代	jiāodài	explain; hand over
103. 交流	jiāoliú	intercommunicate
104. 角度	jiǎodù	angle; point of view
105. 揭示	jiēshì	open out
106. 结构	jiégòu	structure
107. 结束语	jiéshùyǔ	ending words
108. 借条	jiètiáo	receipt for a loan
109. 进展	jìnzhǎn	evolve; progress
110. 精辟	jīngpì	penetrating
111. 精雕细刻	jīngdiāo-xìkè	work at sth. with special care
112. 警句	jǐngjù	epigram
113. 敬礼	jìnglǐ	obeisance; salute
114. 居中	jūzhōng	be placed in the middle
115. 局部	júbù	partial; local
116. 局限	júxiàn	limit to
117. 局限性	júxiànxìng	limitation
118. 句尾	jùwěi	end of a sentence
119. 具体	jùtǐ	concrete; concretely
120. 开门见山	kāimén-jiànshān	come straight to the point
121. 开头	kāitóu	beginning
122. 可靠	kěkào	reliable
123. 刻画	kèhuà	depict; portray
124. 客观	kèguān	impersonal
125. 肯定	kěndìng	positive
126. 空间	kōngjiān	interspace; space

127.	空格	kònggé	blank space
128.	口吻	kǒuwěn	tone; manner of speaking
129.	来龙去脉	láilóng-qùmài	ins and outs; cause and effect
130.	类别	lèibié	objectively
131.	理解	lǐjiě	understand; comprehend
132.	理论	lǐlùn	theory
133.	力戒	lìjiè	strictly avoid
134.	立场	lìchǎng	standpoint
135.	立足点	lìzúdiǎn	stand
136.	例如	lìrú	for example (e.g.)
137.	例证	lìzhèng	illustratio
138.	连贯	liánguàn	coherent
139.	连接	liánjiē	connect; link
140.	留言条	liúyántiáo	note of leaving words
141.	流程	liúchéng	process; procedure
142.	流水账	liúshuǐzhàng	running account
143.	轮廓	lúnkuò	profile; contour; outline
144.	论点	lùndiǎn	argumentation
145.	论据	lùnjù	grounds of one's point
146.	论述	lùnshù	discuss; expound
147.	论说	lùnshuō	elaborate
148.	论证	lùnzhèng	demonstrate
149.	罗列	luóliè	enumerate
150.	逻辑	luójí	logic
151.	脉络	màiluò	venation
152.	漫无目的	mànwúmùdì	planless
153.	面面俱到	miànmiàn-jùdào	reach every aspect of a matter
154.	描述	miáoshù	describe
155.	名称	míngchēng	designation
156.	明了	míngliǎo	clear
157.	明确	míngquè	explicit
158.	命题	mìngtí	proposition
159.	模棱两可	móléng-liǎngkě	equivocal

160.	末尾	mòwěi	end
161.	内涵	nèihán	connotation; meaning
162.	内容	nèiróng	content
163.	内在	nèizài	immanence
164.	拟定	nǐdìng	study out
165.	匿名	nìmíng	anonymity; cryptonym
166.	排比	páibǐ	parallelism
167.	排列	páiliè	arrange sth into a series
168.	判断	pànduàn	judge
169.	跑题	pǎotí	stray from the point
170.	篇幅	piānfú	length
171.	篇章结构	piānzhāng jiégòu	structure of the article
172.	平铺直叙	píngpū-zhíxù	speak or write in a dull or flat way
173.	评论	pínglùn	review; commentary
174.	铺陈	pūchén	expatiate; expatiation
175.	期限	qīxiàn	time limit
176.	奇闻轶事	qíwén yìshì	anecdote
177.	祈使句	qǐshǐjù	imperative sentence
178.	启事	qǐshì	announcement; notice
179.	起伏	qǐfú	fluctuate
180.	恰当	qiàdàng	felicitous
181.	前因后果	qiányīn-hòuguǒ	cause and effect
182.	强调	qiángdiào	emphasize
183.	切入点	qiērùdiǎn	starting point
184.	亲临其境	qīnlínqíjìng	experience a circumstance by oneself
185.	倾向	qīngxiàng	inclination
186.	情节	qíngjié	plot
187.	曲折	qūzhé	flexuose; labyrinthian
188.	取舍	qǔshě	accept or reject; make one's choice
189.	权威	quánwēi	authority
190.	全局	quánjú	overall
191.	全貌	quánmào	panorama
192.	诠释	quánshì	annotate

193.	人称	rénchēng	(grammar) person
194.	人称代词	rénchēng dàicí	personal pronoun
195.	人云亦云	rényúnyìyún	echo what others say
196.	容量	róngliàng	capacity
197.	容纳	róngnà	accommodate; contain
198.	删除	shānchú	delete; cut out
199.	申请书	shēnqǐngshū	application letter
200.	深奥	shēn'ào	profound
201.	声明	shēngmíng	statement
202.	使用	shǐyòng	use
203.	事理	shìlǐ	logic and reason
204.	事例	shìlì	examples
205.	事物	shìwù	object
206.	手续	shǒuxù	procedure
207.	首尾贯通	shǒuwěi guàntōng	both through
208.	书面语	shūmiànyǔ	written language
209.	书写	shūxiě	write
210.	书信	shūxìn	letter
211.	抒发	shūfā	express
212.	抒情	shūqíng	lyric
213.	署名	shǔmíng	affix one's name; sign
214.	数据	shùjù	data
215.	顺序	shùnxù	order; sequence
216.	说理	shuōlǐ	argue
217.	俗话	súhuà	common saying; proverb
218.	塑造	sùzào	figure; shape
219.	随笔	suíbǐ	informal essay
220.	随声附和	suíshēng-fùhè	chime in with others
221.	态度	tàidù	attitude
222.	特殊	tèshū	especial; exceptional
223.	特征	tèzhēng	characteristic
224.	提炼	tíliàn	abstract; epurate
225.	提示	tíshì	point out

226.	添加	tiānjiā	add
227.	条理	tiáolǐ	organized
228.	停顿	tíngdùn	pause
229.	通常	tōngcháng	usually
230.	通俗	tōngsú	popular and easy to be understood
231.	通知	tōngzhī	notice
232.	透彻	tòuchè	intensive; lucid
233.	突出	tūchū	(*v.*) give prominence to; (*adj.*) protruding
234.	图示	túshì	show with a chart
235.	挖掘	wājué	excavate
236.	围绕	wéirào	surround
237.	位置	wèizhì	place; position
238.	文体	wéntǐ	type of writing; literary form
239.	文章	wénzhāng	essay; article
240.	问候语	wènhòuyǔ	greeting words
241.	误导	wùdǎo	mislead
242.	误解	wùjiě	misread; misunderstand
243.	细致	xìzhì	meticulous
244.	鲜活	xiānhuó	fresh
245.	线索	xiànsuǒ	clew; clue
246.	相间	xiāngjiàn	alternate with
247.	相通	xiāngtōng	communicating
248.	详尽	xiángjìn	exhaustive
249.	详略	xiánglüè	exhaustive and concise
250.	肖像	xiàoxiàng	image; portrait
251.	写作	xiězuò	writing
252.	信函	xìnhán	letter
253.	信息	xìnxī	information
254.	行文	xíngwén	writing
255.	形貌	xíngmào	appearance
256.	形象	xíngxiàng	image
257.	性质	xìngzhì	character
258.	修改	xiūgǎi	revise; amend

259.	虚构	xūgòu	dummy; imaginary
260.	序言	xùyán	preface
261.	叙述	xùshù	depict; narrate
262.	悬念	xuánniàn	suspense
263.	选择	xuǎnzé	select; choose
264.	削弱	xuēruò	weaken
265.	寻根究底	xúngēn-jiūdǐ	inquire deeply into
266.	询问	xúnwèn	inquire; enquiry
267.	延续	yánxù	continue
268.	严密	yánmì	tight; strict
269.	言之有理	yánzhī-yǒulǐ	speak in a rational and convincing way
270.	要求	yāoqiú	request
271.	邀请信	yāoqǐngxìn	invitation letter
272.	要领	yàolǐng	essentials; main points
273.	要素	yàosù	element; factor
274.	一目了然	yímù-liǎorán	be clear at a glance
275.	疑问	yíwèn	question; doubt
276.	议论	yìlùn	(*n.*) comment; (*v.*) discuss
277.	意图	yìtú	intention
278.	引人入胜	yǐnrén-rùshèng	bewitching; fascinating
279.	引用	yǐnyòng	quote; cite
280.	引证	yǐnzhèng	cite
281.	应用文	yìngyòngwén	application article
282.	用途	yòngtú	use
283.	由……组成	yóu... zǔchéng	be composed of
284.	邮政编码	yóuzhèng biānmǎ	post code
285.	有头有尾	yǒutóu-yǒuwěi	complete
286.	有致	yǒuzhì	beautifully landscaped
287.	语调	yǔdiào	intonation; tone; tune
288.	语句	yǔjù	sentence
289.	语气	yǔqì	mood; tone
290.	语言	yǔyán	language
291.	寓	yù	contain; imply

292.	原则	yuánzé	principle
293.	缘起语	yuánqǐyǔ	beginning words
294.	缘由	yuányóu	cause; reason
295.	蕴藏	yùncáng	contain
296.	杂乱	záluàn	unorderly; mussy
297.	掌握	zhǎngwò	grasp; master
298.	针对	zhēnduì	aim at
299.	真挚	zhēnzhì	sincere
300.	正确	zhèngquè	correct; proper; right
301.	正式	zhèngshì	formal
302.	正文	zhèngwén	main body (of a book, text, etc.)
303.	制约	zhìyuē	restrict
304.	主次	zhǔcì	primary and secondary
305.	主题	zhǔtí	theme; topic
306.	主体文	zhǔtǐwén	the main part of the text
307.	主线	zhǔxiàn	main line
308.	主张	zhǔzhāng	advocate; stand for
309.	祝贺	zhùhè	congratulate
310.	祝颂语	zhùsòngyǔ	expression of good wishes
311.	祝愿	zhùyuàn	wish
312.	状物	zhuàngwù	describe an object
313.	资料	zīliào	data
314.	总结	zǒngjié	summarize; summary
315.	尊敬	zūnjìng	respect
316.	遵循	zūnxún	follow
317.	作用	zuòyòng	function; effect